Die Selbstmanagement-Formel

von Thomas Mangold

DISCLAIMER

Die Inhalte dieses Buches wurden mit größter Sorgfalt erstellt. Für die Richtigkeit, Vollständigkeit und Aktualität der Inhalte können wir jedoch keine Gewähr übernehmen.
Dieses Buch enthält Links zu externen Webseiten Dritter, auf deren Inhalte wir keinen Einfluss haben. Deshalb können wir für diese fremden Inhalte auch keine Gewähr übernehmen. Für die Inhalte der verlinkten Seiten ist stets der jeweilige Anbieter oder Betreiber der Seiten verantwortlich. Die verlinkten Seiten wurden zum Zeitpunkt der Verlinkung auf mögliche Rechtsverstöße überprüft. Rechtswidrige Inhalte waren zum Zeitpunkt der Verlinkung nicht erkennbar. Eine permanente inhaltliche Kontrolle der verlinkten Seiten ist jedoch ohne konkrete Anhaltspunkte einer Rechtsverletzung nicht zumutbar.
Bei Bekanntwerden von Rechtsverletzungen werden wir derartige Links umgehend entfernen.

1. Auflage 2014

Lektorat: Claudia Heinen
Covergestaltung: ilgeorgiev - fiverr.com
Cover-Titelbild: © Thomas R. - Fotolia.com

ISBN 10: 1500283363
ISBN 13: 978-1500283360

INHALTSVERZEICHNIS

Einleitung

Herzlichen Dank für den Kauf dieses Buches. Ich freue mich, dich als Leserin oder Leser hier begrüßen zu dürfen. In dieser kurzen Einleitung will ich dir ein paar wichtige Punkte mitteilen, daher empfehle ich dir, diese auch bis zum Ende zu lesen.

Wie dieses Buch zu lesen ist

Du musst dieses Buch nicht zwangsweise von vorne nach hinten lesen, sondern kannst auch von Kapitel zu Kapitel springen oder dir nur Kapitel heraussuchen, die dich interessieren. Ich würde dir aber dennoch empfehlen, vor allem wenn du dich mit dem Thema Selbstmanagement noch nicht intensiv beschäftigt hast, das Buch von vorne nach hinten zu lesen.

Der Grund ist folgender: In den ersten drei Kapiteln (Entrümpeln, Konzentration auf das Wesentliche, das digitale Leben) bilden wir die Basis. Ohne die Umsetzung dieser Punkte ist ein produktives und effizientes Leben meiner Meinung nach nur schwer möglich. Daher gilt es zuerst, diese drei Basis-Kapitel durchzuarbeiten.

In den darauf folgenden drei Kapiteln (Ziele und Visionen, Umfeld, Planung) bauen wir auf dieser Basis auf. Wir beschäftigen uns in diesen Kapiteln sehr viel mit der Motivation hinter deinen Handlungen und der daraus resultierenden Umsetzung.

Die restlichen Kapitel (effizienter arbeiten, Reisen, Lernen, mentale Stärke) bilden dann quasi die Spitze, die dir den letzten Schliff gibt, um hoch produktiv zu werden.

Arbeitsaufgaben

Dieses Buch ist ein Arbeitsbuch, es nur zu lesen, wird zu wenig sein. Ich empfehle dir daher folgende Vorgehensweise: Lies zuerst jedes Kapitel vollkommen fertig. Nachdem du mit dem jeweiligen Kapitel fertig bist, beschäftigst du dich mit den

dazugehörigen Arbeitsaufgaben. Wichtig ist, dass du dir für die Arbeitsaufgaben die nötige Zeit nimmst, sie in Ruhe abzuarbeiten. Such dazu vielleicht auch einen Ort auf, an dem du kreativ arbeiten kannst.
Mit der nötigen Ruhe, der nötigen Zeit und dem richtigen Ort wirst du dich leichttun, diese Aufgaben Schritt für Schritt abzuarbeiten.

Die Umsetzung im richtigen Leben
Ich werde dir in diesem Buch viele Tipps und Tricks präsentieren. Ich lade dich dazu ein, alle auszuprobieren und jedem einzelnen eine faire Chance zu geben. Was funktioniert, behältst du bei und integrierst es in deinen Tagesablauf. Was nicht funktioniert, kannst du einfach wieder verwerfen.
Alles, was ich von dir verlange, ist, dass du jedem dieser Tipps und Tricks unvoreingenommen gegenüberstehst.

Bonus-Tools
Wie du an diese Bonus-Tools kommst, erfährst du auf der letzten Seite dieses Buches. Nutze die Möglichkeit, denn sie enthalten für fast alle Kapitel wichtige Zusatzinformationen. Warum ich diese Informationen nicht in das Buch gepackt habe? Die Antwort ist einfach, das würde den Umfang des Buches sprengen. Außerdem bietet das Internet im Gegensatz zum Buch die Möglichkeit, interaktiv zu arbeiten.

Ich empfehle dir nach jedem Kapitel, die Bonus-Tools aufzusuchen und sie parallel mit dem jeweiligen Kapitel zu lesen bzw. abzuarbeiten.
Daher lade ich dich jetzt ein, auf die letzte Seite dieses Buches zu gehen und dem dort angegebenen Link zu folgen. Du kommst dann auf die Website dieses Buches und kannst dich dort anmelden, um Zugang zu den Bonus-Tools zu bekommen.
Also blättere gleich vor zur letzten Seite und melde dich jetzt an!

Ich freue mich, dass ich dir auf den kommenden Seiten dieses Buches meinen Weg für ein besseres Selbstmanagement sowie ein effizienteres und produktiveres Leben zeigen darf. Das ist meine Selbstmanagement-Formel, die mich extrem produktiv und leistungsfähig gemacht hat.
Seit ich diese Formel anwende, habe ich mehr Erfolg im Leben. Ich hoffe und wünsche mir, dass du denselben Mehrwert aus diesem Buch ziehen kannst!

Jetzt wünsche ich dir aber viel Spaß beim Lesen!

Liebe Grüße,

Thomas Mangold

Ordnung statt Chaos

Entrümpeln ist was Herrliches, nicht nur weil es die Wohnung oder das Haus verschönert und ein wenig lebenswerter macht. Wenn du dich von unnötigen Dingen entledigst, hat das auch einen wunderbaren Nebeneffekt, denn du entmüllst nicht nur physisch, sondern auch mental.

Sich zu trennen ist etwas Befreiendes. Das trifft nicht nur auf nervige Partner und Kollegen zu, sondern auch auf die Trennung von physischem Ballast. Und genau darum geht es in diesem Kapitel.

Das Horten von Dingen kommt vermutlich von der Nachkriegsgeneration. Man wusste nicht, wie es weitergeht, und lebte von der Hand in den Mund. Klar, dass es da nur logisch ist, dass man sich von Dingen nur schwer trennen kann und sie hortet.

Heute sieht die Welt zum Glück ganz anders aus, und ich hoffe, dass das auch noch lange so bleibt. Heute leben wir im Gegensatz zu damals im Überfluss. Wir haben reichlich von allem, zumindest in unseren Breitengraden. Das ist natürlich wesentlich besser, als von der Hand in den Mund zu leben, keine Frage! Aber es bringt auch Nachteile mit sich, nämlich dass wir an den vielen Dingen, die wir haben, zu ersticken drohen.

Daher schadet es nicht, wenn man die vielen Dinge um sich auf ein Minimum reduziert. Ganz im Gegenteil, es befreit dich und macht das Leben lebenswerter.

Daher gehen wir es in diesem Kapitel mit dem Entrümpeln an. Du wirst dich, wenn du es richtig angehst, von vielen deiner Güter trennen. Die eine oder andere Trennung wird dir vermutlich schwerfallen, aber glaube mir, sie zahlt sich aus.

Ich würde mich jetzt nicht unbedingt als jemanden bezeichnen, der Dinge hortet oder viel aufhebt. Trotzdem war es eine enorme Befreiung, als ich meine Wohnung entrümpelt habe. Alleine, wenn du die Räume nach der Entrümpelung betrittst, ist das schon ein herrliches und wohltuendes Gefühl.

Klar, davor liegt jede Menge Arbeit, denn Entrümpeln ist nicht gerade angenehm und einfach. Außerdem kann man es schwer outsourcen, wie zum Beispiel das Putzen. Wie soll die Putzfrau denn wissen, was von all den Dingen dir wichtig ist und was nicht?

Daher musst du schon selbst Hand anlegen. Aber keine Sorge, ich habe einige Tipps und Tricks für dich dabei, die dir das Entrümpeln so einfach wie möglich machen werden.
Auch wenn es möglicherweise eine Arbeit ist, die du nur ungern machst, aber glaub mir, es lohnt sich!

Was ist überhaupt Gerümpel?

Beginnen wir einmal mit der Definition von Gerümpel, denn hier bestehen sicher von Person zu Person unterschiedliche Ansichten. Daher hier meine Meinung dazu:
Bei Gerümpel handelt es sich um alles, das

- nicht benutzt,
- nicht gemocht,
- vernachlässigt,
- kaputt,
- unfertig,
- unerwünscht oder
- unbenutzt ist.

So weit, so einfach. Stellt sich allerdings die Frage, warum wir überhaupt Gerümpel anhäufen.
Auch hierfür gibt es mehrere Gründe:

- Dinge für alle Fälle aufbewahren:
  „Ich kann das nicht wegwerfen, das brauche ich vielleicht irgendwann noch einmal." Jetzt ganz ehrlich, wie oft hast du diesen Satz schon gesagt oder zumindest gedacht? Das Problem hinter diesem Satz ist meist mangelndes Selbstvertrauen. In der Regel kannst du nämlich alles, was du „vielleicht irgendwann" einmal brauchen kannst, ohne Weiteres wegwerfen. Allerdings fehlt dazu oft der Mut.
  Ein weiteres Problem sind negative Erfahrungen. Denn haben wir einmal etwas weggeworfen, das wir später noch hätten brauchen können, kommt oft der Satz: „Ich habe es doch gewusst, dass ich das noch brauchen werde."
  Die Tausenden Dinge, die wir aber weggeschmissen haben und nie mehr benötigten, sind ein für alle Mal aus unserem Gedächtnis gestrichen. Somit richtet sich

der Fokus nur auf die Dinge, die wir weggeworfen haben, aber doch noch gebraucht hätten. Und dadurch entsteht der Trugschluss, dass wir alles, was wir „vielleicht und irgendwann“ noch einmal brauchen könnten, aufheben sollen.

- Dinge für alle Fälle kaufen:
  Noch schlimmer ist es, wenn du Dinge kaufst, die du „vielleicht irgendwann“ brauchen könntest. In der Regel sind hier Sparmeister am Werke, die jedem Sonderangebot hinterherjagen. Ganz egal, ob sie das Ding jetzt brauchen können oder nicht, Hauptsache günstig gekauft ist die Devise.

- Sentimentales:
  „Das habe ich von einem guten Freund geschenkt bekommen.“ Brauchen kannst du es zwar nicht wirklich, aber du verbindest dieses Ding mit einer Freundschaft und somit kannst du dich nicht davon trennen.
  Noch stärker sind die Bande, wenn der- oder diejenige bereits verstorben ist oder es sich um ein Erbstück handelt.
  Hier werden leider rationale Gedanken oft aus dem Gedächtnis gestrichen. Wenn du ein Ding nicht brauchen kannst, dann entferne es. Die wichtigste Verbindung zu anderen Personen, ganz egal ob sie noch leben oder schon verstorben sind, ist in deinem Kopf. Es sind die schönen Erinnerungen, Erlebnisse und Gefühle und nicht irgendein Ding, das dir nur Platz raubt.

- Erinnerungsstücke:
  Souvenirs von Reisen, die du mitgenommen hast, Ticketabschnitte von Vorstellungen und Veranstaltungen, die du mal besucht hast, diverse Fanartikel, die nur im Schrank herumliegen. Die Liste

könnte hier wohl endlos fortgeführt werden.
Nur wozu das alles? Auch hier zählt, Erinnerungen zählen mehr als physische Dinge. Und wenn du ein physisches Ding brauchst, um dich an die Veranstaltung erinnern zu können, dann wird sie wohl nicht so prägend gewesen sein, oder?

- Protzer-Tools:
  Das sind alles Dinge, die deinen Gesellschafts-Status unterstreichen. Dinge, mit denen du vor Freunden, Bekannten, Verwandten und Fremden angeben und protzen kannst. Das Problem dieser Dinge, du brauchst sie vermutlich nicht wirklich. Sie sind lediglich zum Angeben da.
  Allerdings gibt es da einen Haken an dieser Geschichte! Diese Dinge brauchst du nicht, zumindest dann nicht, wenn du ohnehin eine Persönlichkeit bist.
  Nur Menschen mit schwacher Persönlichkeit müssen ihren Status durch materielle Dinge zur Schau stellen. Zumindest ist das meine Meinung.

- Zwangsstörungen:
  Hier spreche ich vor allem von Leuten, die auf dem Weg zum Messi sind. Dieses Buch oder diese Anleitung wird dir dann wohl kaum helfen können, denn in diesem Fall brauchst du unbedingt professionelle Hilfe.
  Je früher du dir die holst, umso besser ist es!

Ich denke, wir haben die meisten Formen von Gerümpel hier jetzt aufgelistet. Natürlich gibt es noch viele spezielle Formen davon, die nicht auf dieser Liste stehen.
Mach dir keine Sorge, nachdem du dieses Kapitel gelesen und durchgearbeitet hast, wirst du auch dieses „Sonder-Gerümpel" ebenso erkennen.

Loslassen

Menschen, die viel Gerümpel ansammeln, müssen vor allem eines lernen, nämlich loszulassen. Und zwar die Angst loszulassen, die einem dazu bringt, Dinge zu behalten, die längst nicht mehr benötigt werden.

Machen wir hierzu ein kleines Gedanken-Experiment:
Nehmen wir einmal an, bei dir wurde eingebrochen und deine Spielkonsole wird gestohlen. Ich meine, klar, das ist ärgerlich und sicher nicht schön, aber deine Spielkonsole besitzt nun irgendwer anderer. Da nutzt dir der ganze Ärger rein gar nichts!

Du hast jetzt zwei Möglichkeiten:

1. Du kaufst dir eine neue Spielkonsole!
2. Du kommst zu dem Entschluss, dass du ohnehin nur noch sehr selten gespielt hast, und verzichtest daher auf den Kauf einer neuen Konsole.

Ähnlich ist es auch beim Entrümpeln. Du kannst dich dafür entscheiden, dass das Ding zu alt ist und du es durch ein neues ersetzen willst, oder du verzichtest komplett darauf. Punkt zwei wird wohl meist die sinnvollere Variante sein.

Erfahrungen statt materielle Dinge sammeln:
Ich rate dir generell dazu, die Einstellung zu materiellen Dingen zu ändern.
Anstatt materielle Dinge solltest du Erlebnisse oder Erfahrungen sammeln. Ich werde dir im weiteren Verlauf dieses Buches noch genau erklären, wie das funktioniert.
Hier möchte ich dich lediglich darauf hinweisen, dass dir am Lebensende, wenn du auf dem Sterbebett liegst, all dein materieller Besitz nichts mehr bringt und nichts mehr hilft.
Alles, an das du dich zurückerinnern kannst und das dich glücklich gemacht hat, werden Erlebnisse und Erfahrungen

sein, die du in deinem Leben machen durftest.

Materielle Dinge sind nur auf der Durchreise!
Sieh einfach jedes materielle Ding, das in dein Leben tritt, wie etwas an, das sich lediglich auf der Durchreise befindet. Es gehört dir also nicht, sondern ist nur vorübergehend in deinem Besitz.
Genau genommen stimmt das sogar, denn nichts hält ewig. Auch in deinem Körper lebst du schließlich irgendwie nur zur Miete, oder?

Mit dieser Blickweise, dass alles Materielle nur vorübergehend mir gehört, kannst du auch den Verlust von Dingen leichter verkraften.
Gut okay, die Spielkonsole gehörte mir eben nur diese kurze Zeit und jetzt ist sie weg.

Alles ist nur auf der Durchreise. Wenn etwas in dein Leben tritt, ganz egal, ob durch Kauf oder als Geschenk, dann genieße es und nutze es so oft und so gut es geht. Ist die Zeit gekommen, dann lasse los und lasse es einfach wieder gehen.

Diese mentale Einstellung solltest du dir beim Entrümpeln unbedingt aneignen, denn dann wird es dir wesentlich leichter fallen, dich von Dingen zu trennen und Dinge loszulassen.

Wo und wie finde ich Gerümpel?

Eigentlich sollte aufgrund der Beschreibung, was alles eigentlich Gerümpel ist, ohnehin schon sehr viel klar sein. Trotzdem will ich dir hier noch ein paar Orte vorstellen, an denen sich Gerümpel besonders gerne versteckt hält:

- Keller, Dachböden, Garagen, Kammern:
  Bei diesen Orten handelt es sich um die Brutstätten von Gerümpel. Alles, was nicht mehr oder nur sehr selten gebraucht wird, fristet dort sein Dasein.

- Türen und Durchgänge
  :Vor allem hinter Türen und bei Durchgängen ist jede Menge ungebrauchtes Zeug zu finden.

- Schränke und Kleiderschränke:
  Du ahnst nicht, wie viel unnützes Zeug sich darin verbirgt, vor allem in Kleiderschränken. Im Praxis-Teil werde ich dir erzählen, wie viel „Müll“ sich in meinem begehbaren Schrank aufgehalten hat.

- Büro:
  Egal ob dein Büro in der Firma oder dein Home-Office, beides wird viele Utensilien und Materialien beinhalten, die du schon ewig nicht mehr in Verwendung hattest.

- Tragbares Gerümpel:
  Vielfach trifft das, bitte nicht böse sein, auf Frauen zu. Was sich da alles in den Handtaschen befindet und stets mitgeschleppt werden muss, ist sensationell. Aber natürlich gibt es auch Männer, die diesem „Leiden“ unterlegen sind.

- Elektronisches Gerümpel:
  Damit meine ich nicht nur alte Elektro-Geräte,

sondern auch den Müll, der sich auf der Festplatte deines Computers befindet. Wie viele der Dateien, die du darauf gespeichert hast, benötigst du wirklich noch?

- <u>Getarntes Gerümpel</u>:
  Ja, auch das gibt es, und zwar in Form von Möbelstücken, Autos, Pflanzen und dergleichen mehr. Ich hatte jede Menge Möbelstücke in meiner Wohnung, die ich nahezu nie benutzt habe. Ich glaubte es selbst kaum, aber manchmal kann einem so eine Entrümpelungsaktion die Augen öffnen.

- <u>Das Gerümpel der anderen</u>:
  Wenn du nicht alleine lebst, sondern Familie oder Mitbewohner hast, wirst du wohl nicht nur mit deinem eigenen Gerümpel zu leben haben, sondern vielfach auch das Gerümpel der anderen als störend empfinden.
  Das ist natürlich eine heikle Situation, aber in so einem Fall ist es am besten, du begeisterst die anderen für deine Entrümplungs-Aktion, idealerweise schenkst du ihnen mein Buch hier als Gedankenanstoß. ;-)

Wir legen los

Versetze dich in die richtige mentale Stimmung
Wir haben ja schon vom Loslassen gesprochen und da ein wenig die richtige mentale Einstellung zum Entrümpeln angeschnitten.
Aber es gibt noch einen weiteren Tipp oder Trick, mit dem du dich in die richtige Aufräum-Stimmung bringen kannst.
Stell dir dazu einfach vor, du müsstest morgen ausziehen. Ja, richtig gelesen, stell dir vor, du hast Post von deinem Vermieter bekommen, und der schreibt, dass du binnen 24 Stunden die Wohnung verlassen musst.
Allzu viel Zeit zum Umziehen bleibt dir da natürlich nicht, was zur Folge hat, dass du dich auf das Wesentliche beschränken musst. Und genau das ist dann auch die richtige Einstellung, um mit dem Entrümpeln beginnen zu können.

Also schließ jetzt einfach die Augen und versetze dich in diese Situation!

Erstelle eine Liste:
Um strukturiert vorgehen zu können, rate ich dir, eine Liste zu erstellen. Anhand dieser Liste solltest du dann beim Entrümpeln vorgehen.
Ob du diese Liste auf einem Blatt Papier oder online in Evernote (wie ich es getan habe) erstellst, bleibt dir selbst überlassen.
Ganz egal ob Evernote oder ein Blatt Papier, erstelle einmal drei Überschriften:

- Kleine Gerümpelzonen
- Mittlere Gerümpelzonen
- Große Gerümpelzonen

Im Anschluss gehst du dann durch deine Wohnung oder dein Haus und notierst jeden Ort, an dem sich Gerümpel befindet, unter einem Punkt dieser Liste.

Kleine Gerümpelzonen können Schubladen, Badezimmerschränke, der Raum hinter den Türen, kleine Schränke und Taschen sein.

Mittlere Gerümpelzonen können Kleiderschränke, Küchenschränke, Schreibtische und Aktenschränke sein.
Große Gerümpelzonen sind meistens Abstellräume, Keller, Dachböden, Garagen, Schuppen und Ähnliches.

Die finalen Vorbereitungen:
Jetzt haben wir es mit den Vorbereitungen fast schon geschafft, aber einen kleinen Punkt musst du noch bedenken. Und zwar benötigst du noch Kartons, Säcke, Schachteln und Ähnliches, um während des Ausmistens auch gleich ein wenig trennen zu können. Hier ein kurzer Blick auf eine sinnvolle Aufteilung:

- Müll:
  Du benötigst für alles, was du entsorgst, einen eigenen Karton oder Sack. Und zwar für folgende Dinge: Restmüll, Papier, Glas, Metall, Sondermüll.
  Im Sinne unserer Umwelt hoffe ich, dass du den Müll auch trennst. Gerade beim Entrümpeln wird dir viel unterschiedlicher Müll in die Hände fallen. Wenn du den schon beim Ausmisten trennst, freuen sich die Umwelt und dein Gewissen gleichermaßen. Ich habe für den Restmüll einen großen Müllsack genommen, für das Papier einen Karton, für das Glas eine Plastikkiste, für Metall und Sondermüll jeweils einen Ikea-Sack (du weißt schon diese großen blauen Plastiksäcke).

- Reparaturen:
  Möglicherweise wirst du auf deiner Entrümplungs-Tour auch einige Dinge finden, die du behalten willst, die aber nicht mehr funktionsfähig sind. Dafür habe ich eine Plastik-Kiste genommen.

- Recycling:
  Ich habe die Abteilung Recycling in drei Teile getrennt: Dinge, die ich an Freunde und Bekannte verschenken will, Dinge, die ich der Wohlfahrt spenden will, und Dinge, die ich zu Geld machen will. Für alle drei Bereiche stand jeweils eine Ikea-Tragetasche zur Verfügung.

- Hilfe, ich kann mich nicht entscheiden (Dilemma-Karton):
  Du wirst mit Sicherheit auch Dinge in die Hand bekommen, bei denen du dir nicht sicher bist, ob du sie behalten willst oder doch lieber weggibst. Sich darüber während des Ausmistens großartig Gedanken zu machen, ist kontraproduktiv, weil es dich in deinem Workflow stört. Daher empfehle ich dir eine große Plastik-Kiste bereitzuhalten, in der alle diese Dinge landen.

- Transfer-Karton:
  Oftmals haben wir die Dinge am falschen Ort gelagert. Dinge, die in die Küche gehören, liegen im Bad rum, Dinge, die ins Büro gehören, liegen im Wohn- oder Schlafzimmer. Und so weiter und so fort.
  Damit du beim Ausmisten nicht immer zwischen diesen Orten deiner Wohnung oder deines Hauses hin und her laufen musst, stopfst du einfach alles in diesen Karton und verstaust die Dinge am Ende der Entrümpelungs-Aktion an den richtigen Orten. Ich verwendete dafür einen kleinen Pappkarton.

Damit haben wir nun, wenn du es so wie ich planst, folgende Dinge zu besorgen:

- Große Müllsäcke

- Zwei Pappkartons
- Fünf Ikea-Tragetaschen
- Drei Plastik-Kisten

Ich habe mir all diese Dinge bei Ikea besorgt, aber im Prinzip bekommst du sie wohl in jedem Möbelhaus.

Der Ablaufplan:
Nun brauchst du noch eine Liste oder einen Ablaufplan an die Hand, der dir dabei hilft, die Dinge richtig zu ordnen und zu sortieren.

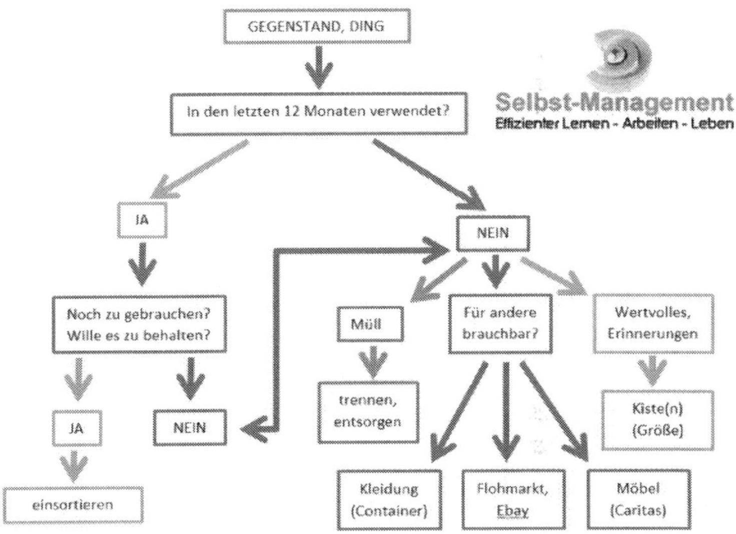

Prinzipiell geht es darum, ob du das Ding, das du da gerade in der Hand hast, in den letzten zwölf Monaten überhaupt gebraucht oder in der Hand gehabt hast.

Falls ja, stellst du dir die Frage, ob es noch zu brauchen ist bzw. ob du es weiterhin behalten willst. Falls auch hier die Antwort Ja ist, musst du es nur noch einsortieren. Es ist ganz besonders wichtig, dass du dem Ding dann einen Platz zuordnest, den es künftig auch behalten soll.

Falls du das Ding in den letzten zwölf Monaten nicht in der Hand gehabt oder es gebraucht hast, oder falls du es nicht mehr behalten willst, musst du dir die Frage stellen, ob es sich dabei um Müll handelt, ob es für andere noch brauchbar ist oder ob es für dich wertvoll bzw. eine besondere Erinnerung ist.

Lautet die Antwort Müll, dann entsorge das Ding. Wir haben ja die geeigneten Kisten und Säcke dafür bereits vorbereitet.

Lautet die Antwort, dass das Ding für andere noch brauchbar ist, dann musst du dich entscheiden, ob du das Ding verschenken, verkaufen oder spenden willst. Auch für all diese Dinge haben wir die entsprechenden Säcke und Kisten bereits hergerichtet.

Lautet die Antwort, dass dieses Ding wertvoll für dich ist oder es sich um eine wertvolle Erinnerung handelt, dann hast du auch dafür bereits eine Kiste bereitgestellt.

Nicht auf diesem Ablaufschema befindet sich die Dilemma-Kiste (das ist jene Kiste, wo du dir nicht sicher bist, ob du das Ding behalten oder entsorgen willst). Das hat den Grund, dass du diese Kiste wirklich nur sehr selten verwenden solltest.

Nimm dir diese Liste zu Beginn deiner Entrümpelungs-Aktion einfach als Vorlage. Du wirst sehen, nach wenigen Minuten sind dir die Vorgänge in Fleisch und Blut übergegangen und du hast das Ablaufschema geistig verinnerlicht.

Der Start

Nun hast du alle Tipps und Tricks sowie den gesamten theoretischen Input gelesen und kannst in die Praxis übergehen und mit dem Entrümpeln starten.
Hierzu noch ein paar wichtige Tipps:

- Beginne klein:
  Du hast ja zuvor deine Wohnung oder dein Haus in kleine, mittlere und große Gerümpel-Zonen unterteilt. Beginne nun mit den kleinen Gerümpel-Zonen, denn das überfordert dich anfangs nicht und lässt dich langsam in die Materie einsteigen.

- Hake jeden erledigten Bereich ab:
  Auf dieser Liste hakst du jeden Bereich ab, den du schon erledigt hast, das motiviert zusätzlich. Wenn du die Liste auf einem Zettel geschrieben hast, kannst du auch alles durchstreichen.
  Es ist ein befreiendes und motivierendes Gefühl, etwas erledigt abzuhaken oder durchstreichen zu können.

- Verwende den Dilemma-Karton so wenig wie möglich:
  Ich habe es ja weiter oben schon erwähnt, versuche den Dilemma-Karton so wenig wie möglich zu verwenden. Triff Entscheidungen, auch wenn sie möglicherweise nicht einfach sind.
  Bist du mit der Entrümpelungs-Aktion fertig, dann stellst du den Dilemma-Karton, wenn möglich verschlossen, in den Keller oder in einen Abstellraum. Vermerke das Datum, an dem du ihn verstaust, am Karton.
  Hast du sechs Monate später kein Ding aus dem Karton wieder herausgeholt, wird der gesamte Inhalt des Kartons ebenfalls entsorgt.
  Ist der Dilemma-Karton einmal voll, darf nichts mehr rein oder muss was anderes zuvor wieder heraus. Beginne auf gar keinen Fall einen zweiten Dilemma-Karton zu befüllen.

- Leere alle Behältnisse so schnell wie möglich:
  Du wirst vermutlich nicht deine ganze Wohnung oder

dein ganzes Haus an einem einzigen Tag entrümpeln. Trotzdem ist es wichtig, das entrümpelte Zeug so schnell wie möglich wegzubekommen.

Meine Vorgehensweise dabei ist folgende:
Restmüll, Papier, Metall und Glas werden sofort am Ende der Entrümpelungsaktion entsorgt. Warte damit auf gar keinen Fall auf den nächsten Tag.
Auch alle Dinge im Transfer-Karton werden sofort am Ende der Aktion an ihren angestammten Platz zurückgebracht.

Sondermüll wird binnen drei Tagen zur Mülldeponie gebracht. Ebenso wird der Recycling-Karton binnen drei Tagen wieder entleert. Dann ist also alles, was du verschenken, spenden oder verkaufen willst, weg.

Warum dränge ich dich, diese Dinge so schnell wie möglich loszuwerden? Nun, es ist schlicht und einfach ein motivierendes Gefühl, nichts von dem „Müll" mehr sehen zu müssen. Außerdem kommst du so nicht in die Versuchung, wieder etwas aus den Behältnissen zu nehmen.

Sei hier also wirklich streng mit dir selbst!

Probleme handhaben

Hört sich doch in der Theorie alles super an, oder?
Aber du wirst sehen, es ist nicht so einfach, wie es hier geschrieben steht. Daher möchte ich noch ein Problem ansprechen, das möglicherweise auftreten könnte, und dir mögliche Lösungswege dafür anbieten. Das Problem lautet:

Du trennst dich von zu wenigen Dingen!
Der Dilemma-Karton quillt über und die anderen Behältnisse sind fast leer? Nun, dann hast du definitiv ein Problem. Möglicherweise bist du noch nicht wirklich bereit loszulassen. Lass mich dir für dieses Problem drei Experimente anbieten, die du mal versuchen könntest, ohne dich von nur einem einzigen Ding trennen zu müssen:

1. 30 Dinge für die nächsten 30 Tage:
   Diese Methode kannst du zum Beispiel auf deinen Kleiderschrank anwenden. Lege dir einfach für die kommenden 30 Tage genau 30 Kleidungsstücke in ein spezielles Fach deines Kleiderschrankes. Für die kommenden 30 Tage verwendest du nur diese 30 Kleidungsstücke und sonst kein einziges anderes. Du wirst sehen, du kommst damit locker und ohne Probleme aus.
   Dadurch erkennst du, dass du dich ruhig trauen kannst, mehr auszumisten und mehr wegzuwerfen. Dein Selbstvertrauen, Dinge zu entsorgen, wird nach diesen 30 Tagen massiv gestiegen sein!
   Starte nach diesen 30 Tagen erneut mit der Entrümpelungs-Aktion.

2. 30 Dinge weniger für die kommenden 30 Tage:
   Entrümpelung auf Raten kann man sagen. Dieses System kannst du zum Beispiel in der Küche anwenden. Such dir in der Küche 30 Dinge, von denen du glaubst, sie nicht mehr zu benötigen. Lege alle

diese Dinge in eine Kiste und sperr sie weg.
Hast du nach 30 Tagen wirklich keines dieser Dinge gebraucht, entsorgst du sie. Fühlst du dich dann bereit für eine große Entrümpelungs-Aktion, dann zieh sie durch. Wenn nicht, sperre nochmals 30 Gegenstände für die nächsten 30 Tage weg.

3. Der Trick mit den Punkten:
   In jedem Schreibwarengeschäft bekommst du Aufkleber mit kleinen Punkten. Am besten suchst du dir eine Signal-Farbe wie Rot, Orange, Gelb oder Pink aus. Kauf dir 100 bis 300 Stück dieser Punkte. Daheim damit angekommen begibst du dich damit in deinen Kleiderschrank oder von mir aus auch in die Küche oder wo auch immer du dieses System anwenden willst.
   Du beklebst schlicht und einfach alles, was im Kleiderschrank ist, mit einem roten Punkt.
   Verwendest du ein Kleidungsstück, entfernst du den roten Punkt. Alle Kleidungsstücke, an denen nach zwölf Monaten (bei Kleidung musst du die Jahreszeit berücksichtigen) noch der Punkt klebt, kannst du getrost entsorgen.
   In der Küche kannst du schon nach zwei Monaten alles entsorgen, wo der rote Punkt noch draufklebt.
   Diesen Trick mit den Punkten kannst du auch als zusätzliche Aktion zu einer Entrümpelung anwenden. Ich habe zum Beispiel in meinem Kleiderschrank nach der Entrümpelung zusätzlich alles beklebt, um auch die restlichen Ladenhüter herauszufiltern.

Einen wichtigen Punkt musst du aber in Zusammenhang mit diesen Tricks berücksichtigen:
Sie ersetzen keine Entrümpelung, sondern dienen lediglich dazu, dir Selbstvertrauen für die Entrümpelung zu geben!
Hast du das nötige Selbstvertrauen gesammelt, dann setze unbedingt eine ordentliche Entrümpelungs-Aktion an!

Gerümpelfrei bleiben

Herrlich so eine entrümpelte Wohnung, oder? Eine Frage stellt sich da aber noch, nämlich, wie du den aktuellen Status einer komplett aufgeräumten und entrümpelten Wohnung beibehältst. Hierzu möchte ich dir in diesem Abschnitt ein paar Tipps geben:

- Gib jedem Ding einen bestimmten Platz:
  Der Locher und die Klammer-Maschine stehen in der Schreibtisch-Schublade 1 und dort kommen sie nach dem Gebrauch sofort wieder hin.
  Die Winterstiefel stehen außerhalb der Saison im Abstellraum im untersten Fach, die Küchentöpfe kommen in die Laden neben dem Kühlschrank usw.!
  Du verstehst schon, finde für jedes Ding, das du behältst, einen Platz und lagere das Ding dann genau dort, wenn du es nicht gerade verwendest. Wenn nötig, beschrifte die Orte, auch das kann zu Beginn helfen, Ordnung zu wahren.

- Bewahre ähnliche Gegenstände zusammen auf:
  Klingt logisch, wird aber leider nur sehr selten tatsächlich so praktiziert. Wenn du schon am Entrümpeln bist, dann schaffe doch gleich ein neues und sinnvolles Ordnungssystem.
  Gerade in der Küche und im Büro ist es oft so, dass sich die Plätze für die Dinge zufällig ergeben und im Laufe der Zeit verändert haben.
  Da ist es doch sinnvoll Dinge, die sich ähnlich sind, auch miteinander aufzubewahren.

- Verwahre Dinge dort, wo sie gebraucht werden:
  In diesem Fall ist das vor allem in der Küche und im Büro ein wichtiger Tipp. Denn es bringt dir relativ wenig, wenn du Dinge, die du oft benötigst (wie zum

Beispiel Stifte, Locher, Blöcke, Notizbücher), nicht in Schreibtischnähe lagerst.
Überlege dir also genau, wo du was am meisten benötigst. Hört sich ebenfalls logisch an, wird aber nicht immer so gehandhabt.
Vor allem Dinge, die du schnell benötigst, solltest du unbedingt auch dort ablegen, wo du schnell drankommst.

- Beschrifte Kartons:
  Du wirst möglicherweise das eine oder andere in Kartons und Kisten lagern. Wenn du nicht ewig danach suchen willst, rate ich dir alle Kisten und Kartons auch zu beschriften.

- Überlege schon beim Kauf, ob du etwas wirklich brauchst:
  Oftmals kaufen wir Dinge sehr spontan und bereuen den Kauf kurze Zeit später oft schon. Zu diesem Punkt wird es in diesem Buch noch viele nützliche Tipps geben. Hier möchte ich es dabei belassen, dass du dir unbedingt zweimal überlegen solltest, ob du das Ding, das du da gerade kaufen willst, wirklich brauchst.

- Leere deine Mülleimer täglich:
  Hört sich ein wenig lächerlich an dieser Tipp, oder? Aber du solltest es dir unbedingt zur Gewohnheit machen, dich von deinem Müll und von Dingen, die du nicht mehr brauchst, möglichst schnell zu trennen.

- Packe nie etwas irgendwo hin:
  Das ist der größte Fehler, denn so entsteht schnell wieder Chaos. Finde für jedes Ding, das du besitzt, einen geeigneten Platz und lege es auch dort ab.
  Und wenn du für ein Ding keinen Platz findest, mal ehrlich, wofür brauchst du es dann?

- <u>Immer wenn was Neues reinkommt, musst du dich von etwas Altem trennen</u>:
  Mach dir diesen Satz zur Regel, wenn du zukünftig gerümpelfrei leben willst. Wenn du dir eine neue Jeans kaufen willst, dann muss eine alte gehen.
  Wenn du sechs neue Gläser kaufen willst, dann müssen sechs alte gehen.
  Das ist die beste Methode, um Gerümpel auch zukünftig zu vermeiden!

Mit diesen Tipps solltest du es problemlos schaffen, Ordnung zu halten und kein neues Gerümpel anzuhäufen. Klar, diese Tipps sind vor allem zu Beginn gewöhnungsbedürftig. Aber hast du sie einmal verinnerlicht, wirst du keine Probleme mehr mit Gerümpel haben.

Hänge dir diese Regeln einfach irgendwo, gut sichtbar, auf!

In den Bonus-Tools zu diesem Kapitel erfährst du, wie ich vorgegangen bin, wo ich auf Probleme gestoßen bin und wie ich die gesamte Entrümpelungs-Aktion durchgeführt habe.

Arbeitsaufgaben

So strukturierst du deine Entrümpelungsaktion:

1. Fixiere einen oder mehrere Termine in deinem Kalender:
   Hast du sie einmal fixiert, bleiben sie geblockt. Plane von der Zeit her lieber großzügig! Bist du früher fertig, kannst du die freie Zeit genießen oder anderweitig verbrauchen. Wenn du aber die Zeit zu knapp kalkulierst, ist das demotivierend.

2. Fixiere eine oder mehrere Belohnungen:
   Du kannst dir ganz am Ende eine große Belohnung fixieren oder für jeden einzelnen Meilenstein kleinere Belohnungen. Wie du das machst und welche Belohnungen du wählst, bleibt ganz dir überlassen.
   Ich für meinen Teil habe mir nach der Entrümplungsaktion einen ganzen Entspannungs- und Erholungstag in der Therme Wien gegönnt!

3. Erstelle eine Liste mit den Gerümpel-Zonen:
   Unterteile in kleine, mittlere und große Gerümpel-Zonen. Geh wirklich mit einem Block oder deinem Computer durch jeden einzelnen Raum deiner Wohnung oder deines Hauses, öffne alle Laden und Kästen und notiere fein säuberlich alles ganz genau!

4. Besorge alle benötigten Utensilien:
   Hier noch einmal meine Liste, aber natürlich kannst du das alles nach deinem Geschmack wählen: Große Müllsäcke, zwei Papp-Kartons, fünf Ikea-Tragetaschen, drei Plastik-Kisten.

5. Ablaufschema ausdrucken:
   Wie du an dieses Ablaufschema kommst, verrate ich dir ganz am Ende des Buches. Druck es dir aus, denn

du wirst es zumindest zu Beginn gut brauchen können.

6. Termine nochmals checken:
   Jetzt, wo alles vorbereitet ist und du starten kannst, wirf bitte nochmals einen Blick auf deine geblockten Termine. Bist du sicher, dass das reicht? Nimm dir lieber noch mal 10-20 % mehr Zeit für das Entrümpeln.

7. Starte mit der Entrümpelungs-Aktion.

8. Entsorge alles, was du aussortiert hast, so schnell wie möglich!

Achtung! Konzentriere dich auf das Wesentliche

Finde Ruhe

Hört sich doch einfach an, oder? Finde Ruhe!
Nur leider haben wir das im Laufe unseres Lebens verlernt. Selbst wenn wir meinen, dass wir gerade innere Ruhe gefunden haben, ist das meist nicht wirklich der Fall. Oder wir bekommen vor lauter Geschäftigkeit gar nicht mehr mit, wie unruhig und geschäftig wir eigentlich sind.

In diesem trügerischen Hamsterrad laufen wir tagein und tagaus, bis wir irgendwann zur Erkenntnis kommen: „Mein Körper will mir was mitteilen!"
Mehr arbeiten, mehr ausgeben, mehr besitzen, mehr essen und immer mehr zu tun, bricht deinen Körper.

Und selbst wenn du noch keine körperlichen Symptome hast, schadet es nicht, langsamer zu treten. „Langsamer treten" schon wieder so ein Schlagwort, das leicht gesagt ist, sich aber nur sehr schwer umsetzen lässt. Warum? Nun, weil wir in der Regel fremdbestimmt sind und jede Menge Verpflichtungen haben: Arbeit und Familie zum Beispiel. Aber nicht nur das, oft haben wir auch Aufgaben, die unserem Hobby oder unserer Freizeit zuzuordnen sind. Trainer in einem Fußballverein, Schriftführer des Briefmarkensammelvereins, Obmann des Elternvereins und viele ähnliche Dinge.

Löse dich aus der Fremdbestimmung und lebe dein Leben!
Nun gänzlich aus der Fremdbestimmung wird man sich wohl nie lösen können, aber man kann zumindest einmal damit beginnen. Wie du das machst, werde ich dir auf den folgenden Seiten verraten.

Nimm dir zwei oder drei Stunden Zeit und stell dir folgende Fragen:

- Lebe ich ein glückliches Leben?
- Bin ich zufrieden?
- Wie verlebe ich meine Zeit so?

Was? Du hast keine Zeit, dir für solche Fragen zwei bis drei Stunden Zeit zu nehmen? Siehst du, genau da ist das Problem, genau da beißt sich die Katze selbst in den Schwanz.

Geschäftig und umtriebig zu bleiben, ist einfacher, als sich zu verändern. Durch diese Geschäftigkeit hast du das trügerische Gefühl, Kontrolle über dein Leben zu haben!
Wenn du geschäftig bist, läufst du auf Autopilot! Allerdings nicht ohne Folgen.

Die Kosten dieser Geschäftigkeit sind:

- Gesundheit
- Glücklich sein
- Beziehungen

Bist du bereit, diese Kosten wirklich dauerhaft auf dich zu nehmen? Wohl eher nicht. Dann nimm dir die Zeit! Mit dem Kauf dieses Buches hast du bereits den ersten richtigen Schritt gemacht, aber jetzt bleib dran.
Du wirst übrigens länger als 2-3 Stunden brauchen, wenn du die Aufgaben am Ende dieses Kapitels erledigen wirst. Aber glaube mir, es lohnt sich!

Und wenn ich das sage, dann ist es meine eigene Erfahrung, die hier zu dir spricht. Es gab eine Zeit in meinem Leben, da hatte ich neben meinem Brotberuf als Sozialpädagoge mit 45 Wochenstunden noch folgende Aufgaben und Verpflichtungen:

- Familie
- Freunde
- Trainer im Fußballverein

- Jugendleiter im Fußballverein
- Sport-Mentaltrainer
- Life-Kinetik-Trainer
- Referententätigkeit in einem Dachverband
- Blogger
- Buchautor
- Und noch einige Kleinigkeiten mehr

Wie du dir sicher vorstellen kannst, unter allzu viel Freizeit hatte ich nicht zu leiden. Klar, eine Zeit lang geht so ein Leben gut, aber wie lange? Um aus so einem Szenario auszusteigen, bleiben dir genau zwei Möglichkeiten:

- Du betätigst das Bremspedal oder
- du fährst Vollgas gegen eine Wand.

Jetzt hast du vermutlich noch die Möglichkeit die Entscheidung selbst zu treffen. Ich habe mich übrigens für Variante eins entschieden. Ich habe zwar keine Vollbremsung hingelegt, sondern hab das Bremspedal kontinuierlich immer weiter nach unten gedrückt.

Das Spannende daran war, dass es mir immer mehr Spaß machte, an diesem Bremspedal zu drücken. Je mehr ich drückte, umso intensiver merkte ich, wie meine Lebensqualität gestiegen ist. Ich bin also aus dem Hamsterrad des „mehr, mehr, mehr" ausgestiegen und hab Gefallen am Herunterbremsen gefunden.

Ich lade dich in diesem Kapitel zum Herunterbremsen ein. Mach es auch langsam und Schritt für Schritt! Wie, das werde ich dir auf den kommenden Seiten erklären und ich bin überzeugt, wenn du mal eine Zeit lang auf der Bremse gestanden bist, wirst du, so wie ich, mehr und mehr Gefallen daran finden.

Wie das funktioniert, erkläre ich dir in den nächsten Abschnitten.

Identifiziere, was dir wirklich wichtig ist

Was ist dir wirklich wichtig? Schon wieder so eine Frage, über die du dir Gedanken machen musst! Ich hoffe, du bist noch nicht genervt, aber es ist nun einmal eine extrem wichtige Frage.

Genau genommen würde ich die Frage „Was dir eigentlich wirklich wichtig ist" in ein paar weitere Fragen unterteilen:

- Nach welchen Werten richtet sich dein Handeln aus?
- Welche Menschen sind dir wichtig?
- An welchen Orten hältst du dich gerne auf?
- Welche Dinge sind dir wichtig?
- Welche Gefühle hast du gerne?

All diese Fragen tragen entscheidend zu deiner Lebenszufriedenheit bei. Leider sind wir oftmals viel zu beschäftigt, uns diese Fragen zu stellen. Oder wir stellen sie uns nicht, weil wir Angst vor den Antworten haben. Die Antworten werden nämlich in der Regel eines bringen, den Drang nach Veränderung.

Im Aufgabenbereich werde ich dir ganz klare Anweisungen geben, wie du es schaffst, dir diese Fragen richtig und gut zu beantworten.

Keine Sorge, du musst dein Leben nicht gleich auf den Kopf stellen, aber mit diesen Fragen solltest du eine Veränderung einleiten, die dich in den kommenden Tagen, Wochen und Monaten beschäftigen sollte.

Ja klar, auch ich habe mir diese Fragen gestellt. Ich habe meine Werte erarbeitet, ich habe die Menschen hinterfragt, mit denen ich mich viel umgebe, ich habe Orte, die mir gefallen, wesentlich öfter aufgesucht als vorher, ich habe Dinge, die mir wichtig sind, besonders oft verwendet und benutzt und ich habe mich öfters in die Lage versetzt, jene Gefühle fühlen zu können, die mir besonders viel Power geben.

Alles in allem war es natürlich ein Prozess und keine Aktion, die von heute auf morgen über die Bühne gegangen ist. Da ich in diesem Buch sehr offen über meinen Umgang mit diesen Fragen schreibe, möchte ich dich auch in meine Antworten einweihen:

Meine Werte:

Privat:

- Familie und Freunde
- Freiheit und Unabhängigkeit
- Spaß, Humor und Witz
- Gemütlichkeit
- Positives Denken

Beruf (unselbstständig):

- Erziehung
- Teamgedanke und Zusammenarbeit
- Geduld
- Professionalität
- Fairness

Finanziell:

- Reichtum (= mir Erlebnisse finanzieren zu können, von denen ich träume und nicht materieller Reichtum.)
- Disziplin
- Sicherheit
- Sparsamkeit
- Effizienz

Gesundheit und Fitness:

- Gesundheit
- Fitness

- Begeisterung
- Energie
- Ausdauer

Karitative Werte:

- Beitrag leisten
- Großzügigkeit
- Hilfsbereitschaft

Spirituelle Werte:

- Respekt
- Ehrlichkeit
- Fairness und Gerechtigkeit
- Einfühlungsvermögen
- Bescheidenheit

Wie du deine Werte erarbeitest, verrate ich dir im Kapitel „Ziele, Visionen und Werte".

Menschen, die mir wichtig sind:
Es wird dir hier wohl nicht viel helfen, wenn ich ein paar Namen aufliste. Allerdings habe ich zwei Dinge bei der Analyse der Menschen, die mich umgeben, festgestellt: Einerseits hatte ich zu viele Menschen um mich, die mir einfach immer nur recht gaben und kein konstruktives Feedback gaben. Andererseits aber auch zu viele Leute, die mich als jemanden „benutzten", bei dem sie sich ausweinen konnten.
Bitte versteh mich nicht falsch, natürlich helfe ich Freunden und Bekannten gerne, wenn es ihnen schlecht geht, aber das muss ein Geben und Nehmen sein. Jemand, der **nur** raunzt und sich ausweint, raubt mir einfach auf Dauer zu viel Energie.
Aus diesen Rückschlüssen habe ich dann den Umgang mit einigen Menschen in meinem Umfeld minimiert, während ich den Kontakt zu anderen intensiviert habe.

An welchen Orten ich mich gerne aufhalte:
Lustigerweise habe ich mir diese Frage vorher noch nie aktiv gestellt. Für mich gibt es vor allem drei gute Kaffee-Häuser in Wien, in denen ich sehr kreativ arbeiten, aber auch gut abschalten kann.
Weiter gibt es dann noch einige Plätze in der Natur, die ich gerne aufsuche. In meiner Wohnung hatte ich so einen Platz eigentlich nicht, daher habe ich mir eine gemütliche Lese- und Relax-Ecke geschaffen.
Ich suche diese Orte nun wesentlich öfter und aktiver auf als früher. Und es gibt mir sehr viel Energie!

Welche Dinge mir wichtig sind:
Ehrlich gesagt gibt es nur sehr wenige Dinge, von denen ich behaupten könnte, sie wären mir wichtig. Größtenteils handelt es sich dabei um Erinnerungsstücke und Fotos, das war es auch schon.

Welche Gefühle ich gerne habe:
Ich fühle mich sehr gerne frisch, produktiv und voller Energie. In diesen Zustand versuche ich mich so oft es geht zu versetzen.
Aber auch gerne mal entspannt und relaxt zu sein, gehört für mich dazu.
Wie du dich in diese Zustände versetzen kannst, verrate ich dir ebenfalls im Arbeitsbereich dieses Kapitels.

Bringe alles, was du tust, zu Papier

Nachdem wir nun identifiziert haben, was dir wirklich wichtig ist, begeben wir uns zurück in die Gegenwart und schauen uns einmal an, wie du deinen Tag so verbringst.

Im Prinzip geht es darum herauszufinden, wie du deinen Tag verbringst. Dafür musst du eine Woche lang alles genau niederschreiben. Wie verbringst du deine Zeit? Was hält dich beschäftigt? Was wolltest du tun und was nicht?
Schreibe auf, wie lange alles dauert, ganz egal ob online oder offline, ob Freizeit, Arbeit oder Hobby. Notiere eine Woche lang alles so exakt wie möglich.

Offline
Offline würde ich dir empfehlen, alles in Evernote einzutragen. Damit ich nichts vergesse, habe ich mir im 30-Minuten-Takt eine Erinnerung auf meinem Smartphone programmiert. Alle 30 Minuten erinnerte mich der Alarm daran, zu notieren, was ich in den letzten 30 Minuten gemacht habe. Ja, es nervt zwar ein wenig, aber so eine Woche vergeht wie im Flug und du hast dann wirklich wertvolle Daten, die du auswerten kannst.

Online
Online kann ich dir das Tool **RescueTime** (http://selbstmanagementformel.com/rt) empfehlen. Dieses Tool ist wirklich genial, denn es zeichnet alles auf, was du online so tust.

Dieses Tool hilft dir zu veranschaulichen, wie produktiv du vor dem Computer bist. RescueTime macht nichts anderes, als alles, was du auf deinem Computer machst, aufzuzeichnen. Also ganz egal, ob du gerade in Word einen Bericht schreibst, auf Facebook den neuesten Tratsch und Klatsch nachliest, in Evernote deine Notizen organisierst, auf Excel eine Tabelle erstellst oder an deinen Mails arbeitest, RescueTime zeichnet

alles auf.
Was RescueTime macht, ist, dir einen Spiegel vorzuhalten, einen Spiegel über deine Zeit, die du im Internet verbracht hast. Ich habe es ja in der Einleitung zu diesem Kapitel bereits kurz angerissen, der Übergang von produktiver Arbeit in nicht produktives Herumsurfen und Herumspielen ist oft schleichend.
Und nicht nur das, oftmals bekommt man gar nicht mit, wie viel Zeit man unproduktiv vor dem Computer verbringt.
Wenn deine erste RescueTime-Auswertung kommt, wirst du vielleicht erschüttert sein. Mein erster Gedanke nach meiner ersten Auswertung war: „Was, das gibt es doch nicht, das ist ja unmöglich."

In dieser Auswertung stand:
Du hast diese Woche 19 Stunden und 34 Minuten vor dem Computer verbracht, davon waren sechs Stunden und 21 Minuten unproduktiv.

6 Stunden und 21 Minuten oder ca. 30 % der Zeit, die ich vor dem Computer saß, waren unproduktiv. Einfach unglaublich. Mittlerweile bin ich um die 20 % angelangt, was auch völlig o. k. ist, denn dauernd produktiv sein, ist auf Dauer auch fad.

Jetzt fragst du dich vielleicht, wie macht RescueTime das? Berechtigte Frage - und die Antwort ist denkbar einfach. RescueTime ordnet jedem Programm bzw. jeder Internetseite einen Produktivitäts-Level zu.
Arbeitest du zum Beispiel gerade in Word, ist das für RescueTime hochproduktiv. Surfst du hingegen in Facebook herum, ist das höchst unproduktiv.

Natürlich kennt RescueTime nicht alle Programme und Internetseiten. Das bedeutet, du musst ein wenig nachhelfen und RescueTime beibringen, welche Programme welches Produktivitätslevel haben. Tust du das die ersten paar Wochen, wirst du sehr verlässliche Ergebnisse bekommen, zumindest aber einen ganz guten Überblick.

Natürlich bleiben noch Tücken und Fehler, diese halten sich aber in Grenzen. Wenn ich zum Beispiel in Facebook Social-Media-Marketing betreibe, arbeite ich hochproduktiv, trotzdem wertet RescueTime das als höchst unproduktiv, weil Facebook eben in der Regel Zeitverschwendung ist.

Aber diese kleinen Ungenauigkeiten sind verkraftbar.
RescueTime arbeitet vollkommen selbstständig im Hintergrund, und das ist ja für unser Anliegen besonders wertvoll, es listet dir auch auf, wann du welche Seite besucht hast. Also im Prinzip genau das, was wir für unsere Auflistung benötigen.

Auswertung der Daten
So, nun hast du also alle deine Online-Daten ebenso wie deine Offline-Daten von einer ganzen Woche vor dir liegen. Was aber nun?
Jetzt musst du damit beginnen, diese Daten auszuwerten und dir Gedanken darüber machen, ob du diese Arbeit in der Form auch weiterführen willst.
Wovon möchte ich weniger machen? Wovon mehr? Was will ich komplett einstellen?

Eliminieren, Delegieren, Automatisieren, Tun

Nun nimmst du diese Liste zur Hand und wertest sie nach gewissen Kriterien, die ich dir gleich näher vorstellen werde, aus.
Dafür habe ich dir in den Arbeitsaufgaben dieses Kapitels eine Liste zur Verfügung gestellt.
Auf dieser Liste findest du folgende Spalten:

- Eliminieren
- Automatisieren
- Delegieren
- Tun

Wir gehen nun Schritt für Schritt durch die einzelnen Abschnitte und ich werde dir zu jedem dieser Teile einige Erklärungen geben:

Eliminieren

Es genügt, wenn du dir zu jedem Punkt auf deiner Liste eine einfache Frage stellst:
Hat diese Tätigkeit langfristig einen großen Wert für mich?
Ist die Frage ja, dann scheidet sie für die Spalte Eliminieren schon einmal aus. Ist die Antwort hingegen aber Nein, dann solltest du sie unbedingt in diese Spalte setzen. Aus eigener Erfahrung weiß ich, dass es sehr schwer sein kann, sich von Dingen auf dieser Liste zu trennen.
Aber dafür gibt es einen kleinen psychologischen Trick, der dir dabei helfen wird. Ich empfehle dir, auch wenn es schwerfällt, alles, was keinen großen Wert für dich hat und dir auch zukünftig vermutlich keinen bringt, in diese Spalte zu setzen.
Bist du mit der kompletten Auswertung fertig, nimmst du dir die Spalte Eliminieren noch einmal zur Hand. Noch einmal gehst du jeden Punkt in dieser Spalte durch. Alles, wo du dir denkst „das will ich vielleicht doch mal weiter verfolgen" oder „eigentlich will ich diesen Punkt nicht ganz eliminieren"

packst du einfach in eine Evernote-Notiz („Eliminiertes") und speicherst sie im Notizbuch „Vielleicht/irgendwann".
So eliminierst du sie zwar für den Moment aus deinem Leben, aber kannst jederzeit noch mal darauf zurückgreifen, wenn dir danach ist.
Dieser Trick hilft dir, von den Dingen loszulassen und sie zu eliminieren. Aus eigener Erfahrung weiß ich, dass du diese Dinge nie wieder ansehen oder neu beginnen wirst.
Versuche also wirklich, so viel wie möglich in diese Spalte zu schreiben!

Automatisieren

Nicht alles wirst du eliminieren können, auch wenn du dir das vielleicht wünschst. Vor allem die unangenehmen Arbeiten will man ja oft loswerden.
Früher, als ich mich technisch noch nicht so gut auskannte, habe ich meine Fußball-Bücher händisch verschickt. Zwar handelte es sich dabei um PDF-Dateien, jedoch konnte ich sie nicht automatisiert an meine Käufer versenden.
Wenn eine Bestellung hereinkam, musste ich erst überprüfen, ob auch bezahlt wurde und erst dann verschickte ich eine E-Mail mit dem E-Book.
Heute nehmen mir das alles Programme ab, die von der Rechnungslegung bis zum Versand alles voll automatisiert machen.
Das ist natürlich nur ein Beispiel, wenn du deine Liste durchgehst, wirst du auch einige Dinge finden, die sich automatisieren lassen. Fakt ist, alles, was sich automatisieren lässt, wird sofort automatisiert.

Delegieren

Jetzt werden mit Sicherheit schon ein paar Punkte eliminiert und automatisiert sein. Für alles, was jetzt noch übrig bleibt, gilt es, nach Möglichkeiten zu suchen, es delegieren zu können.
Ein paar Beispiele:

- Engagiere eine Putzfrau, anstatt selbst zu reinigen.

- Such dir einen Grafiker oder Webdesigner, anstatt stundenlang selbst mit irgendwelchen Grafikprogrammen herumzutüfteln.
- Nimm dir einen Buchhalter und/oder Steuerberater, anstatt sich selbst darum zu kümmern.
- Engagiere einen Assistenten, der sich um jene Arbeiten kümmert, die nicht unbedingt du machen musst.
- Usw.

Ja klar, etwas zu delegieren, kostet vermeintlich Geld. Stimmt aber oft gar nicht, denn während meine Putzfrau meine Wohnung säubert, arbeite ich an diesem Buch hier. Der Stundenlohn meiner Putzfrau beträgt 10,- €, wenn nun mein eigener Stundenlohn bei „nur" 15,- € liegt, dann habe ich sogar 5,- € pro Stunde gewonnen.
Versuche also, so viel wie möglich zu delegieren, vor allem aber Dinge die:

- Andere ebenso gut wie du erledigen können.
- Andere besser als du erledigen können.
- Andere schneller als du erledigen können.

Mit anderen Worten: Lagere so viel wie möglich deiner Arbeit aus!

Tun

Alles, was du weder eliminieren noch automatisieren, noch delegieren konntest, bleibt nun an dir hängen. Das sind deine Kernkompetenzen, in der Regel Dinge, die nur du selbst erledigen kannst, und Dinge, die sehr wichtig sind.
Diese Dinge musst du natürlich selbst angehen, aber ich bin überzeugt davon, dass du nun wesentlich weniger Arbeitslast auf deinen Schultern trägst als noch eine Woche zuvor, als du die Liste erstellt hast.

Überarbeite diese Liste regelmäßig

Oftmals braucht es mehr als einen Schritt, um das Arbeitspensum zu minimieren. Scheue also nicht davor zurück, diese Aufgabe (eine Woche aufzeichnen, was man alles macht, und dann eliminieren, automatisieren und delegieren) anfangs zu wiederholen.

Mach es einmal im Quartal und du wirst sehen, wie die Tun-Liste immer kleiner wird, bis schließlich nur noch das Allernötigste darauf steht.

Eliminiere deine Alltagsverpflichtungen

Fakt ist:
So richtig effizient und produktiv bin ich erst geworden, als ich den Großteil meiner Verpflichtungen eliminiert habe.

4 Schritte zu weniger Verpflichtungen

Schritt 1: Mach eine Bestandsaufnahme deiner Verpflichtungen.
Stelle eine möglichst vollständige Liste mit all deinen Verpflichtungen auf. Hier ein paar Themengebiete, die dich dabei unterstützen werden:

1. Arbeit/Job
2. Nebenbeschäftigungen
3. Familie
4. Kinder (Fußballcoach, Elternverein, ...)
5. Öffentliches Leben (ehrenamtliche Arbeiten, Freiwilligenarbeit)
6. Kirche (Pfarrgemeinderat, ...)
7. Hobbys (Fußball, Laufen, Modellbauverein, Fotoklub)
8. Daheim (alles außer den familiären Verpflichtungen)
9. Online (Website-Betreuer, Forums-Manager, Administrator, ...)
10. Usw.

Schritt 2: Schneide deine Verpflichtungen auf drei bis fünf zusammen.
Hier mein Beispiel:

- Familie, Freunde
- Fit sein wie nie zuvor in meinem Leben.
- Von passiven Einkommen leben können.
- (Arbeit)
- Fußball: Aspern, Askö

Schritt 3: Eliminiere alle anderen Verpflichtungen.
Das ist mit Sicherheit der schwierigste Schritt, daher hier ein paar Tipps dazu:

1. Fange mit den kleinen Verpflichtungen an!
2. Teile der/dem Betroffenen dein Bedauern mit (via Telefon, Mail oder am besten im persönlichen Gespräch).
3. Betone dabei immer wieder dein Ziel (in meinem Fall, von passiven Einkommen leben zu können).
4. Versprich nicht, dass du später einmal wieder anfängst!
5. Streiche diese Verpflichtung aus deinem Terminkalender.

Wenn du mit den kleinen Verpflichtungen anfängst, wirst du Sicherheit und Routine in den Gesprächen bekommen, um dich auch bei den großen Verpflichtungen zu trauen.
Klar, oftmals bist du mit wirklich wichtigen Aufgaben betraut. In manchen Fällen wäre es daher unfair zu sagen: „So, ich höre jetzt auf!"

Setze deinem Gegenüber aber ein Zeitlimit: „Bitte suche einen Nachfolger, denn in einem halben Jahr höre ich auf."
Wiederhole diese Vorgehensweise, bis du alle Verpflichtungen, außer jene, die auf deiner Liste stehen, los bist!

Schritt 4: Keine neuen Verpflichtungen mehr,
Achtung! An allen Ecken und Enden warten neue Verpflichtungen auf dich. Wehre sie alle ab. Pass vor allem bei kleinen Verpflichtungen auf. Die meisten begannen einmal klein und wurden immer größer und größer!

Oftmals sind es große Herausforderungen, die da auf dich zukommen. Möglicherweise auch mit viel Renommee und Ehre verbunden. Denke trotzdem immer an deine Ziele und ob sie damit vereinbar sind.

Fazit für dein Selbstmanagement
Hatte ich Schuldgefühle? Ja, ich hatte sie. Oft sogar. Aber ich hielt mir immer wieder mein großes Ziel vor Augen. Außerdem gab es überhaupt keine sinnvolle Erklärung, warum ich eigentlich Schuldgefühle haben sollte.

Wie auch immer, durch meine immer weniger werdenden Verpflichtungen, hatte ich immer mehr Zeit, um an meinem Ziel zu arbeiten. Und das ist ja auch der große Sinn und Zweck dahinter.

Ich komme meinem großen Ziel „von passivem Einkommen leben zu können" in riesen Schritten näher. Und meine Schritte wurden umso länger, je mehr Verpflichtungen ich abwenden konnte!

Ein Ausflug in den Minimalismus

Neben dem Loswerden von Verpflichtungen solltest du auch deine Geschäftigkeit zurückfahren.

Wie kannst du dein Leben verlangsamen und trotzdem deine Rechnungen bezahlen und deine Arbeit schaffen?

Die klare Antwort: Mit weniger zu leben, benötigt auch weniger!

Ja klar, wenn du weniger arbeiten willst und mehr deiner Arbeiten auslagern willst, dann bleibt am Ende des Monats vielleicht weniger über. Ich bin kein Fantast, um das nicht zu wissen.

Allerdings gibt es da eine hervorragende Möglichkeit, dem gegenzusteuern.
Genau genommen gibt es zwei Möglichkeiten:

1. Finde Wege mehr zu verdienen, ohne mehr arbeiten zu müssen.
2. Gib weniger aus, als du es bisher gewohnt warst.

Ja, hier geht es um Minimalismus
Wenn deine Einnahmen aufgrund der Entschleunigung deines Lebens um 15 % sinken, dann brauchst du schlicht und einfach auch nur deine Ausgaben um 15 % zu senken und schon bleibt die Differenz genau gleich.

Ja, so einfach ist das. So entkommst du nicht nur dem Hamsterrad des mehr Arbeitens, mehr ausgeben, wieder mehr arbeiten, noch mehr ausgeben. Sondern du trittst sogar eine Spirale in die Gegenrichtung los:
Weniger Arbeiten, dadurch mehr freie Zeit, dadurch wiederum mehr Lebensqualität, was dir ein produktiveres Arbeiten ermöglicht und dadurch die Einnahmen sogar

wieder steigen.

Brauchst du die neueste Uhr, die neuesten Klamotten und alle drei Jahre ein neues Auto? Brauchst du das alles wirklich? Brauchst du überhaupt eine Uhr, wo doch auf jedem Mobiltelefon die Uhrzeit steht. Brauchst du wirklich ein Auto, wo das öffentliche Verkehrsnetz gut ausgebaut ist und vielleicht in deiner Stadt an jeder Ecke ein Leihwagen zur Verfügung steht?

Ja, ich weiß, diese Lebenseinstellung mag nicht jedem liegen, es sollte aber auf alle Fälle ein Denkansatz sein, dich mit diesem Thema vielleicht einmal auseinanderzusetzen.
Das Thema „Minimalismus“ würde vermutlich ein ganzes Buch füllen, daher möchte ich es hier auch schon belassen. In den Bonus-Tools findest du ein paar Buchtipps und Blog-Empfehlungen zu diesem Thema.

Nimm dir jetzt einfach einmal ein paar Minuten Zeit und denke über „weniger ist mehr“ nach!

Arbeitsaufgaben

Aufgabe 1:
Nimm jetzt sofort deinen Kalender zur Hand und schau nach, wann du dir zwei oder drei Stunden Zeit nehmen kannst. Überlege dir außerdem einen netten Ort, zum Beispiel ein nettes Café, einen Ort in der Natur oder einen Thermen-Aufenthalt.
Ist der Tag gekommen, dann nimm dir ein Notizbuch und ein paar Stifte mit und beantworte folgende Fragen:

- Lebe ich ein glückliches Leben?
- Bin ich zufrieden?
- Wie verlebe ich meine Zeit so?

Schreibe jede dieser Fragen auf eine leere Seite und versuche sie zu beantworten. Lass deiner Kreativität dabei ruhig freien Lauf.
Achte nur darauf, dass du ungestört bist, schalte also dein Telefon und sonstige Störquellen ab.

Aufgabe 2:
Nimm dir genügend Zeit, such am besten einen Platz auf, an dem du dich wohlfühlst, und beantworte die folgenden Fragen:

- Welche Menschen sind dir wichtig?
- An welchen Orten hältst du dich gerne auf?
- Welche Dinge sind dir wichtig?
- Welche Gefühle hast du gerne?

Aufgabe 3:
Zeichne eine Woche lang, alles, was du tust, auf. Ganz egal ob online oder offline. Zur Auswertung der Online-Daten kannst du RescueTime verwenden, musst du aber nicht. Zur Aufzeichnung der Offline-Daten kannst du Evernote nutzen

oder die Vorlage, die du in den Bonus-Tools findest.

Aufgabe 4:
Nimm dir die Liste(n) von Aufgabe 4 und versuche dabei so viel wie möglich zu eliminieren, automatisieren und zu delegieren.

Aufgabe 5:
Eliminiere so viele Alltags-Verpflichtungen wie nur möglich:

1. Mach eine Bestandsaufnahme deiner Verpflichtungen.
2. Schneide deine Verpflichtungen auf drei bis fünf zusammen.
3. Eliminiere alle anderen Verpflichtungen.
4. Keine neuen Verpflichtungen mehr.

Aufgabe 6:
Mach dir ein paar Gedanken zu den Themen „Minimalismus“ und „weniger Besitz ist mehr Lebensqualität“.

Das digitale Leben effizient organisieren

Das digitale Leben soll uns eine Entlastung bringen, für viele ist es jedoch eine Belastung. Daher werden wir uns in diesem Kapitel damit beschäftigen, wie du es schaffst, dir die digitale Welt zunutze zu machen und Vorteile daraus zu ziehen.

Wir schleppen wahnsinnig viele Informationen mit uns herum, die woanders besser aufgehoben wären:

- Ich darf die Tortellini nicht vergessen! Meine Frau hat mich heute Morgen noch mal ermahnt, sie unbedingt mitzubringen!
- Beim Projekt A muss ich noch ein Meeting anberaumen.
- Abends muss ich die Kinder vom Fußballtraining abholen.
- Ich muss noch die Mails für Projekt B versenden.
- Da fällt mir gerade etwas ein, diese Idee muss ich unbedingt in ein Projekt umsetzen.
- Was sind jetzt eigentlich die nächsten Schritte in Projekt C?

Mit Gedanken wie diesen beschäftigen wir uns den ganzen Tag über. Oft bekommen wir es nicht einmal mit, wie oft solche und ähnliche Gedanken in uns aufkommen. Versuche dich einmal einen Tag lang bewusst darauf zu konzentrieren und die Häufigkeit dieser Gedanken wahrzunehmen.

Fakt ist:
Zu viele Dinge im Kopf zu haben, ist eine mentale Belastung!

Aber wir wollen den Kopf frei haben für die wirklich wichtigen Dinge. Wir wollen fokussiert sein auf das Projekt oder die Aufgabe, an der wir jetzt im Moment arbeiten. Wenn immer wieder solche Gedanken in uns aufkommen, ist das nicht nur störend, sondern auch unproduktiv.

Hinzu kommt, dass wir immer wieder auch Dinge vergessen. Oftmals fällt uns das dann erst abends ein, wenn der Druck der Arbeit abgefallen ist!

- Verdammt, ich hätte doch meinen Chef zurückrufen sollen.
- Mist, ich habe vergessen, dem Kunden die Offerte zu mailen.
- Nein, jetzt habe diese wichtige Mail eines Zulieferers nicht mehr beantwortet.

Aber es sind auch die Ideen, die uns an den ungewöhnlichsten Orten einfallen und die wir, weil wir sie nicht gleich notieren, wieder vergessen. Vermutlich hattest du schon Tausende guter Ideen, die du aber einfach nicht umgesetzt hast, weil du sie schlicht und einfach vergessen hast.

Du solltest all diese Dinge also unbedingt aus deinem Kopf schaffen und an einen Ort transferieren, an dem sie sicher aufgehoben und schnell wieder auffindbar sind. Ganz egal ob es sich dabei um

- To-dos handelt, die du noch zu erledigen hast,
- Termine, die du noch einzuhalten hast,
- Dinge, die du auf gar keinen Fall vergessen darfst, oder
- Ideen, die du nur ja nicht vergessen willst, handelt!

Du brauchst unbedingt einen Ort, an dem du all diese Dinge verstauen kannst. Wobei die Betonung in diesem Fall auf „einen Ort“ oder zumindest so wenig Orte wie möglich liegt.

Viele Menschen notieren sich all diese Dinge, allerdings an völlig unterschiedlichen Orten:

- verschiedene Notizzettel,
- Notizbücher,
- Kalender,

- Smartphone-Kalender,
- Post-its,
- Notizprogramme,
- Computer-Dateien,
- Schmierzettel
- und an vielen weiteren Orten

Das Problem dabei ist allerdings, dass diese Notizen dann nicht besonders leicht auffindbar sind, es sei denn, man weiß genau, wo man sie abgelegt hat. Daher habe ich ein System entwickelt, das lediglich zwei Orte zulässt, an denen Dinge notiert werden:

- Termine - im **Google-Kalender** (https://www.google.com/calendar/)
- Notizen - in Evernote (http://selbstmanagementformel.com/evernote)

Das hat massive Vorteile:

- Du weißt ganz genau, wo du suchen musst.
- Beide Tools sind synchronisierbar und damit von jedem Gerät der Welt (Internetverbindung vorausgesetzt) abrufbar.
- Du kannst jederzeit und überall neue Termine oder Notizen hinzufügen (zumindest das Smartphone hat man ja meistens dabei).
- Du hast deine Notizen immer und überall bei dir.

Ich speichere alles, was ich zu erledigen habe, was mir zwischendurch einfällt sowie meine Termine in diesen beiden Tools. Ich habe ein System entwickelt, alles aus meinem Kopf zu bekommen und in Evernote bzw. im Google-Kalender zu speichern. Somit habe ich den Kopf frei für die wirklich wichtigen Dinge und kann so fokussiert und konzentriert an meinen Projekten und Aufgaben arbeiten, ohne ständig abgelenkt zu sein.
Mache auch du dir dieses System zu nutze und steigere deine Produktivität und Effizienz massiv damit!

In 60 Minuten zum Evernote-Experten

Neben dem Google-Kalender ist Evernote mein absolutes Haupt-Tool. Ich nutze Evernote als mein Life-Management-Tool:

- Ich organisiere damit meine Projekte, wie die Erstellung dieses Buches.
- Ich habe meine To-do-Listen da gespeichert.
- Ebenso meine Monats-, Wochen- und Tagesplanung.
- Meine Materialsammlungen sind ebenfalls in Evernote gesichert.
- Aber auch Dinge, die ich für meine Arbeit, meine Hobbys und meine Freizeit benötige.

Im kommenden Abschnitt werde ich dich ein wenig in mein System einführen. Zunächst beschäftigen wir uns aber hier mit dem Programm, der App oder dem Tool Evernote.

Evernote ist in der Basis-Version kostenlos, aber auch die Premium-Version gibt es zu einem sehr überschaubaren Preis. Ich persönlich nutze die Premium-Version, weil sie einige Vorteile hat. Solltest du Evernote allerdings nur für deine privaten Angelegenheiten nutzen wollen, wird die Basis-Version sicher ausreichen.

Hier geht es zu Evernote:
http://selbstmanagementformel.com/evernote

Bevor wir uns nun mit der Art und Weise beschäftigen, wie du Evernote für dein Life-Management verwenden könntest, will ich dir das Programm näherbringen. Denn zunächst ist es einmal wichtig, dass du mit diesem Tool umgehen kannst und alle Funktionen kennst. Nur so wirst du es effizient nutzen und anwenden können.

Natürlich könnte ich dir hier jetzt alles genau beschreiben, jedoch schreitet der technische Fortschritt heute sehr schnell voran und zum Zeitpunkt, an dem dieses Buch veröffentlicht wird, wäre diese Beschreibung wahrscheinlich schon wieder veraltet oder zumindest überholt. Ich möchte dich aber auf dem Laufenden halten und daher habe ich mich entschlossen, dir ein Video-Tutorial für Evernote zur Verfügung zu stellen. Dort beschreibe ich dir nicht nur alle Funktionen, sondern ich zeige dir am Bildschirm, wie was genau funktioniert. Und zwar sowohl für Mac- wie auch für Windows-Nutzer. Dieses Video-Tutorial findest du in den Bonus-Tools!

Bitte sieh dir dieses Tutorial unbedingt ganz genau an. Ja, es kostet dich etwas mehr als eine Stunde Zeit, aber diese Zeit wirst du durch die effiziente Anwendung des Tools sicher sehr schnell wieder herinnen haben.

Evernote ist ein absolut geniales Tool, das es geschafft hat, meine Produktivität und Effizienz zu vervielfachen. Daher kann ich es dir nur sehr ans Herz legen! Um dich dafür ein wenig zu sensibilisieren, will ich dir hier kurz aufzählen, was ich alles mit Evernote erledige:

- Evernote, mein Ideen-Manager:
  Ich notiere alle meine Ideen in Evernote und vergesse so keine einzige davon. Viele Projekte, Artikel und auch Kapitel dieses Buches hatten ihren Ursprung als kurz notierte Idee in einem Evernote-Notizbuch.

- Was mir gefällt:
  Alles, was mir gefällt, landet ebenfalls in Evernote. Ganz egal ob das einzelne Artikel, Blogs, Internetseiten oder aber auch Bilder sind. Ich speichere sie in Evernote ab, um später gegebenenfalls davon profitieren zu können.

- Was ich noch zu erledigen habe:
  Einkäufe, Anrufe, Mails schreiben und alles andere, was so anfällt und erledigt werden will, wird in Evernote gespeichert.

- Meine To-do-Listen und Planungen:
  Egal ob Monats-, Wochen- oder Tages-Planung - alles wird in Evernote erstellt und gespeichert. Selbstverständlich auch die Urlaubs-Planung und ähnliche Dinge.

- Meine Checklisten:
  Ich habe mir für viele Arbeiten Checklisten erstellt, um nichts zu vergessen und alles genau abarbeiten zu können. Diese Checklisten werden natürlich auch in Evernote gelagert.

- Evernote, mein Projekt-Manager:
  Alle Projekte, an denen ich arbeite, sowie alle zu diesen Projekten gehörigen Informationen sind natürlich auch da gespeichert.

- Evernote, mein Finanz-Manager:
  Rechnungen, Einnahmen, Ausgaben, Infos zu Finanzprodukten und Verträgen, die ich diesbezüglich abgeschlossen habe, landen ebenfalls in diesem tollen Tool.

- Evernote, mein Fitnesstrainer:
  Meine Trainingspläne, Fitness-Protokolle, Übungen, Ernährungs-Infos sind natürlich auch da optimal gespeichert.

- Anleitungen, Gebrauchanweisungen:
  Was? Du sammelst das alles noch offline in irgendwelchen Ordnern oder Kisten. Ich speichere das alles in Evernote und brauche so nicht lange suchen, um zu finden, was ich benötige.

- Evernote als Archiv:
  Alles, was ich vielleicht irgendwann noch einmal

benötigen könnte, landet nicht im letzten Eck eines Schranks, sondern im Archiv bei Evernote. Dank der genialen Suchfunktion dieses Tools ist es ein Leichtes, Dinge sofort wiederzufinden.

- Evernote als Gesundheits-Manager:
  Kontaktdaten und Sprechstundenzeiten von Ärzten, Befunde und andere wichtige Infos, die Gesundheit betreffend, speichere ich ebenfalls da.

- Evernote, mein Reise-Manager:
  Alles, was mit Reise-Organisation und Urlaubsplanung zu tun hat, findet ebenfalls in Evernote statt.

- Mein virtueller Assistent:
  Öffnungszeiten, eingescannte Speisekarten von Lieferdiensten, diverse Visitenkarten. All das ist fein säuberlich organisiert mit Evernote!

Ich hoffe, ich habe dir mit diesen Beispielen einen kurzen Eindruck über die Macht dieses Tools geben können. Eine Macht, die du natürlich auch nutzen kannst, wenn du Evernote verwendest.

Aber wie gesagt, sieh dir zuerst mein Evernote-Tutorial an. Wenn du damit fertig bist, gehe weiter zum nächsten Abschnitt, denn da stelle ich dir vor, wie ich mein Leben mit Evernote manage.

Evernote - mein Life-Management-Tool

Wie schon in den vorigen Abschnitten beschrieben, verwende ich Evernote als eine Art All-in-one-Tool für das Management von so ziemlich allen Dingen in meinem Leben.

Ich habe zu diesem Thema ein eigenes Buch geschrieben (Evernote - mein Life-Management-Tool, http://selbstmanagementformel.com/emlmt) bzw. einen eigenen Videokurs erstellt (http://selbstmanagementformel.com/videokurs). In diesem Buch habe ich mein gesamtes System genau beschrieben. Das alles hier in den Abschnitt dieses Artikels zu pressen, ist unmöglich. Solltest du also genaueres Interesse an meinem System haben, empfehle ich dir das Buch zu lesen.

Ich möchte dir aber trotzdem einen Einblick geben und werde dir daher alle meine Notizbücher näher beschreiben. So kannst du die für dich interessanten Dinge implementieren und alles, was du für nicht interessant hältst, weglassen.

INBOX

Das wichtigste Notizbuch ist die Inbox. Hier sammeln sich zunächst einmal alle Notizen, ehe sie weiterverarbeitet werden. Ganz egal ob ich sie eingetippt habe, ob es sich um Fotos- oder Audio-Dateien handelt oder um Webseiten bzw. E-Mails, die mit dem Evernote-Webclipper weiter transferiert wurden: Alles landet zunächst einmal in der Inbox.

Ebenso wie bei meinen E-Mails versuche ich auch die Inbox jeden Tag, bevor ich mein MacBook abschalte, komplett zu leeren. Das bedeutet, dass alle Notizen darin entweder abgearbeitet und gelöscht sind oder in die entsprechenden anderen Notizbücher weitergeleitet wurden. Du solltest dir das auch unbedingt angewöhnen, denn nur so kann eine gut organisierte Notizablage funktionieren.

ACTION

Im Notizbuch Action habe ich all jene Notizen gespeichert, die ich brauche, um produktiv zu sein. Dazu zählen meine Ziele ebenso wie meine Jahres-, Monats- und Wochenplanung. Solltest du deine Planung noch in einzelne Tage unterteilen, dann gehören die ebenfalls hier rein.

Außerdem sind hier meine Wochen-Checklisten und Monats-Checklisten gespeichert. Da stehen jene Dinge drinnen, die ich einmal pro Woche (wie zum Beispiel meine Konten checken oder den Fortschritt meiner Projekte überprüfen) oder einmal im Monat (wie zum Beispiel die Einnahmen/Ausgaben-Rechnung aktualisieren) durchführe. So stelle ich sicher, dass ich auch wirklich nichts vergesse.

VERTAGEN

In dieses Notizbuch kommen alle Dinge, die ich aus welchem Grund auch immer nicht mehr heute, sondern erst morgen erledigen will oder werde. Das können Dinge sein, die erst beim letzten Checken meiner Mailbox vor dem Schlafengehen eintrudeln, oder Aufgaben, die ich heute aus Zeitgründen nicht mehr erledigen kann, die aber trotzdem dringend sind und spätestens morgen erledigt gehören.

WARTENAUF

In meinem „Warten auf"-Notizbuch landen alle Dinge, auf die ich warten muss. Das können zum Beispiel delegierte Aufgaben sein. Wenn ich das Cover für ein Buch erstellen lasse, dann kopiere ich mir die Auftrags-Mail in dieses Notizbuch. Manchmal erstelle ich mir zusätzlich eine Erinnerung für den Tag der Lieferung, damit ich es auch wirklich nicht vergesse. Sobald mein Grafiker liefert, lösche ich die Notiz wieder aus diesem Notizbuch.

Ähnlich gehe ich bei Bestellungen vor. Die Bestellbestätigung meiner Amazon-Bestellung landet immer in diesem Notizbuch, bis ich die Lieferung tatsächlich bekommen habe. Dann lösche ich sie.

Kurz und bündig, alles, worauf du wartest, kommt in dieses

Notizbuch.

PROJEKTE (Stapelnotizbuch)

In diesem Stapelnotizbuch habe ich sämtliche Notizbücher meiner Projekte gespeichert. Und in diesem Notizbuch wiederum alle Notizen zu den einzelnen Projekten. Nehmen wir die Entstehung dieses Buches als Beispiel: Unter dem Arbeitstitel „Buch Selbstmanagement" habe ich ein Notizbuch im Stapelnotizbuch „Projekte" gespeichert. Darin befindet sich eine Liste der nächsten Schritte, eine Kapitel- und Unterkapitel-Aufzählung, sämtliche Notizen meiner Recherche-Tätigkeit und viele weitere Notizen, die mit der Planung und Erstellung dieses Buches zu tun haben.

Ein weiteres Notizbuch ist jenes zu meinem Blog (Selbst-Management.biz). Darin sammle ich Artikel-Ideen, Notizen zu meinem Brainstorming und habe auch meinen Redaktionsplan darin gespeichert.

Jedes Projekt, das ich gerade umsetze, befindet sich in diesem Notizbuch. Da es mittlerweile als erwiesen gilt, dass Multitasking nicht besonders produktiv ist, achte ich darauf, dass die Anzahl der Projekte in diesem Stapelnotizbuch immer sehr gering gehalten wird. In der Regel handelt es sich um drei bis fünf Projekte, die sich darin befinden.

KONTEXT (Stapelnotizbuch)

In diesem Stapelnotizbuch befinden sich alle vom Kontext abhängigen Notizbücher. Das sind Notizbücher wie zum Beispiel Einkaufszentrum, Büro, Fußballplatz, zu Hause, Burgenland usw.! In diese Notizbücher kommen also Notizen, die nur an bestimmten Orten ausgeführt werden können. Im Notizbuch Einkaufszentrum sind zum Beispiel Einkaufslisten gespeichert oder im Notizbuch Fußballplatz Dinge, die ich nur dort ausführen kann.

Die Erstellung eines solchen Notizbuchs kann sehr interessant sein, wenn du an vielen unterschiedlichen Orten Dinge zu erledigen hast. Ich verwende dieses Notizbuch kaum, denn ich kann meine Arbeiten mit meinem MacBook eigentlich an

jedem Ort ziemlich uneingeschränkt ausführen.
Aber es gibt natürlich Berufe und Aufgaben, für die eine Erstellung eines Kontext-Notizbuches sinnvoll sein kann.

CHECKLISTEN
Neben den Checklisten, die zu einem bestimmten Tag oder Datum zur Anwendung kommen (und sich im ACTION-Notizbuch befinden), habe ich noch einige weitere Checklisten, die allesamt in diesem Notizbuch gespeichert sind. In meinem Fall sind das Checklisten wie: „Was muss ich alles tun, wenn ich einen Artikel veröffentliche", „Welche Punkte muss ich erledigen, wenn ich einen neuen Blog aufsetze", „Welche Dinge sind bei der Planung eines neuen Projektes wichtig" usw.!
Hier kannst du also alle Checklisten speichern, die für dich und deinen Arbeitsablauf von Wichtigkeit sind.

IDEEN/INSPIRATIONEN
In diesem Notizbuch landen alle meine Ideen bzw. Dinge, die mir im Laufe der Zeit einfallen und die ich für umsetzungswürdig halte. Hier speichere ich also all jene Dinge, die ich auf keinen Fall vergessen will. Ganz egal ob es sich um eine Geschenkidee handelt, um ein neues Urlaubsziel oder um ein Projekt, das ich demnächst einmal umsetzen will. All diese Dinge landen in diesem Notizbuch und sind so auf alle Fälle einmal abgespeichert.
Ein Mal monatlich (dieser Punkt steht auch auf meiner Monats-Checkliste) lese ich mir dieses Notizbuch durch und sehe nach, ob eine dieser Ideen reif dafür ist, verwirklicht zu werden.

ARBEIT/JOB (Stapelnotizbuch)
Hier finden sich alle Notizbücher, die mit deinem Job zu tun haben. Selbstverständlich kannst du dieses Notizbuch auch mit dem Namen deiner Firma betiteln. Beachte jedoch, dass es nicht in allen Firmen erlaubt ist, Daten in der Cloud zu speichern. Meine Firma erlaubt es zum Beispiel nicht, daher

habe ich in diesem Notizbuch nur Daten gespeichert, die mich selbst betreffen (wie z. B. Lohnzettel, Dienstvertrag, Dienstpläne, Stundenabrechnungen, Fortbildungen, Seminare usw.).

MASTERMIND (Stapelnotizbuch)
Wir werden uns in diesem Buch noch mit dem Thema „Mastermind-Gruppe“ beschäftigen, daher will ich jetzt gar nicht viel dazu schreiben. Auf alle Fälle landen in diesem Notizbuch alle wichtigen Informationen, die meine Mastermind-Gruppen betreffen. Teilweise habe ich die Notizbücher mit den anderen Mitgliedern der jeweiligen Mastermind-Gruppe geteilt. So können alle die Notizen lesen und bearbeiten.

MATERIALSAMMLUNG (Stapelnotizbuch)
Kurz umrissen: In diesem Stapelnotizbuch befinden sich alle Dinge, die ich zwar im Moment nicht gebrauchen kann, aber zukünftig irgendwann vielleicht einmal brauchen könnte.
Ich möchte dir ein paar Beispiele bringen, damit du einen besseren Überblick hast, was alles in diesem Notizbuch landet:

- Wie beim Notizbuch „Projekte“ schon erwähnt, arbeite ich in der Regel immer nur an drei bis maximal fünf Projekten gleichzeitig. Das heißt aber nicht, dass ich mich nicht für mehr interessiere. Sobald ich mich entschlossen habe, ein Projekt zukünftig einmal umsetzen zu wollen, eröffne ich im Stapelnotizbuch „Materialsammlung“ ein Notizbuch mit dem Namen des entsprechenden Projektes und beginne ab sofort, Informationen zu sammeln, die für dieses Projekt hilfreich sein können.
- Ich erstelle zu allen Sach- und Fachbüchern, die ich lese, kurze Zusammenfassungen. Diese landen als Notiz im Notizbuch „Literatur“.
- Alle Bedienungsanleitungen landen ebenfalls in der Materialsammlung. Wenn ich mir ein neues Gerät

kaufe, sehe ich sofort nach, ob es die Bedienungsanleitung auch als PDF-Datei zum Download gibt. In der heutigen Zeit gibt es das zu fast jedem Gerät. Diese lade ich mir herunter und speichere sie im Notizbuch „Bedienungsanleitung“. Die Bedienungsanleitung in Papierform landet im Altpapier.

- Immer wieder stoße ich auf interessante Koch-Rezepte, die ich mal ausprobieren will. Auch diese landen hier im Notizbuch „Rezepte“.
- Du kennst das sicher, wenn du die Lösung zu einem Problem suchst und auch fündig wirst. Oder wenn du dich bei einem Programm nicht richtig auskennst und ein Tutorial suchst. Meistens braucht man diese Dinger aber nicht nur einmal, sondern öfter. Daher habe ich in diesem Stapelnotizbuch auch ein Notizbuch mit dem Namen „Tutorials“ erstellt.
- So weit also ein paar Beispiele für dieses Stapelnotizbuch. Du kannst dir ganz leicht merken, welche Notizen in die Materialsammlung kommen: Alles, was du zwar nicht unmittelbar brauchen kannst, aber zukünftig irgendwann wieder einmal brauchbar sein könnte.

FITNESS (Stapelnotizbuch)

Ich bin ein sportbegeisterter Mensch, der sich sehr gerne bewegt. Ich gehe regelmäßig ins Fitnesscenter und mache Ausdauersport. Das alles will natürlich sinnvoll geplant, aber auch dokumentiert sein. Daher habe ich dieses Stapelnotizbuch geschaffen. Darin befinden sich Notizbücher mit folgenden Themen:

- Krafttraining Fitnesscenter
- Krafttraining ohne Geräte
- Krafttraining Sling-Trainer
- Ausdauertraining Programme

So habe ich mein gesamtes Fitnessprogramm immer bei mir

und kann so exakt das trainieren, das ich mir vorgenommen habe.

GESUNDHEIT (Stapelnotizbuch)
In diesem Notizbuch ist alles gespeichert, das meine Gesundheit betrifft. Dazu gehören folgende Notizbücher:

- Ärzte:
  Ich habe hier alle Ärzte, die ich schon einmal konsultiert habe, gespeichert, inklusive Telefonnummern und Öffnungszeiten. Es stehen aber auch weitere Gesundheits-Dienstleister drinnen wie zum Beispiel Labore, Physiotherapeuten, Osteopathen, Masseure usw.!
- Befunde:
  In der Regel scanne ich alle Befunde ein und speichere sie in diesem Notizbuch.
- Gesundheits-Dokumente:
  Dazu gehören Versicherungen und Ähnliches.

REISEN (Stapelnotizbuch)
Ich plane sämtliche Reisen mit Evernote. Dieses Thema werden wir im Buch noch in einem eigenen Kapitel behandeln. In diesem Stapelnotizbuch befinden sich folgende Notizbücher:

- Angebote:
  Hier kommen Angebote von Reise-Dienstleistern rein, die in die engere Auswahl kommen und vielleicht gebucht werden.
- Packlisten:
  Ich habe für alle möglichen Reisen Packlisten erstellt. Das erspart mir viel Arbeit, wenn es ans Packen geht. Ganz egal ob es sich dabei um Seminare, Skiurlaub, Badeurlaub, Städtetrips oder Wanderreisen handelt. Ich habe für alles eigene Packlisten abgespeichert.
- Reise-Notizbuch:
  Wird eine Reise gebucht, erstelle ich sofort ein eigenes

Notizbuch dafür. In diesem Notizbuch landen dann Dinge wie Buchungsbestätigungen, Flugtickets, Hotelvoucher und Ähnliches.

- Reise-Archiv:
  In diesem Notizbuch speichere ich interessante Dinge einer Reise, die ich in Erinnerung behalten möchte.

PRIVAT (Stapelnotizbuch)
In diesem Stapelnotizbuch landen alle Notizen, die mit meinem Privatleben zu tun haben. Folgende Notizbücher befinden sich darin:

- Auto:
  In diesem Notizbuch befindet sich alles, was mit meinem Auto zu tun hat. Vom Kaufvertrag bis hin zu den Kontaktdaten und Öffnungszeiten meiner Autowerkstatt.
- Finanzen:
  Hier speichere ich alle finanziellen Dinge: zum Beispiel Rechnungen, Einnahmen/Ausgaben-Rechnung und Ähnliches. Bitte auf keinen Fall sensible Daten wie TAN-Codes in der Cloud speichern.
- Garantie:
  Hier speichere ich Rechnungen ab, bei denen eine Garantie besteht.
- Wohnung:
  Vom Mietvertrag bis hin zur Telefonnummer des Klempners ist hier alles Wichtige für meine Wohnung gespeichert.
- Steuer:
  Alle steuerrelevanten Dinge kommen in dieses Notizbuch.
- Versicherungen:
  Alle Versicherungen sind in diesem Notizbuch gespeichert. So habe ich mit wenigen Klicks eine Übersicht über Vertragslaufzeiten,

Versicherungssummen und das Kleingedruckte.

- Verträge:
  Internetprovider, Mobiltelefon, Fitnesscenter usw.! Alle Verträge, die ich unterzeichnet habe, befinden sich in diesem Notizbuch.

HOBBY/FREIZEIT (Stapelnotizbuch)
Auch für meine Hobbys lege ich eigene Stapelnotizbücher an. Alle relevanten Informationen dazu werden dann darin gespeichert.

NEBENJOBS (Stapelnotizbuch)
Für meine Tätigkeit als Sport-Mentaltrainer habe ich ebenfalls ein eigenes Stapelnotizbuch angelegt.

Soweit also ein Überblick zu meinen Notizbüchern und darüber, wie ich mein Leben mit Evernote manage. Wie gesagt, du hast hier nur einen kurzen Einblick erhalten. Solltest du dich für den gesamten Abarbeitungsprozess interessieren, rate ich dir mein Buch (Evernote - mein Life-Management-Tool) zu lesen. Dort beschreibe ich alle Vorgänge rund um Evernote Schritt für Schritt und gehe auch detailliert auf jedes einzelne Notizbuch ein.

Mittlerweile sollten wir es geschafft haben, jede Menge Dinge aus deinem Kopf draußen und in Evernote drinnen zu haben. Es ist ein wirklich erleichterndes Gefühl, nicht mehr an all diese Dinge denken zu müssen. Habe ich recht?

Es gibt aber noch weitere Dinge, die wir aus deinem Kopf schaffen müssen. Dazu zählen zum Beispiel „Termine" und darum kümmern wir uns jetzt im nächsten Abschnitt.

So hast du deine Termine im Griff

Warum ich den Google-Kalender (https://www.google.com/calendar/) verwende?
Er ist einfach, intuitiv und plattformübergreifend zu verwenden. Ganz egal, ob am Smartphone, am Tablet-PC oder am Laptop, meine Termine habe ich immer bei mir. Und das Beste: Mit ein paar Klicks habe ich neue Termine im Handumdrehen eingegeben.
Aber der Google-Kalender hat noch weitere Vorteile:

- Mehrere Kalender anlegen (z. B. beruflich, privat und für das Hobby):
  Diese einzelnen Kalender kann ich dann gewissen Personen oder für die gesamte Öffentlichkeit freigeben.
  So kann ich zum Beispiel den Familien-Kalender für meine Verwandten freigeben und so mit ihnen die gemeinsamen Termine koordinieren.
  Oder in meiner Funktion als Fußballtrainer kann ich den Kalender meinen Spielern freigeben. Die können dann jederzeit einsehen, wann die Trainingseinheiten und Spiele stattfinden!

- Feiertags-Kalender:
  Du kannst dir die Feiertags-Kalender des Landes herunterladen, in dem du dich gerade befindest. So hast du einen Überblick, wann welcher Feiertag ist.
  Vor allem für Menschen, die viel reisen, ein ideales Tool.

- Auswahl der Ansicht:
  Du kannst auswählen, ob du eine Tages-, Wochen-, Monats- oder komplette Ansicht aller Termine wünschst.

So weit, so gut. Wie wende ich den Google-Kalender nun an? Eine Regel einmal gleich vorweg:
Verwende den Google-Kalender nur für Termine.
Trage niemals To-dos oder Aufgaben in den Kalender ein.

Nachdem wir diese erste Regel einmal behandelt haben, will ich dir nun meine Kalender genauer vorstellen:

- Privat:
  Wie der Name schon sagt, kommen in diesen Kalender alle meine privaten Termine. Also alles, was Familie, Freunde, Bekannte und Verwandte betrifft! Aber es landen auch meine geplanten sportlichen Aktivitäten (Fitnesscenter und Ausdauertraining) sowie sonstige geplante Freizeitaktivitäten darin.

- Arbeit:
  Alle Termine, die meine unselbstständige Arbeit betreffen, landen in diesem Kalender. Dazu gehören mein Dienstplan, aber auch alle Besprechungen, Konferenzen und Fortbildungen.

- Selbstständige Arbeit:
  Neben meiner unselbstständigen Arbeit bin ich noch Autor (logisch), Sport-Mentaltrainer, Coach und Vortragender. Alle Termine, die diesen Bereich betreffen, landen in diesem Kalender!

- Fußball:
  Ich arbeite als Trainer und sportlicher Leiter für einen kleinen Fußballverein in Wien und bin auch im Vorstand einer Sport-Dachorganisation. Alle Termine, die diesen Bereich betreffen, werden in diesem Kalender gespeichert.

- Fixe Aufgaben und To-dos:
  Zu guter Letzt habe ich noch einen Kalender für alle

Fixaufgaben, die jede Woche oder jeden Monat zu einem bestimmten Tag stattfinden. Beispiele dafür wären die Einnahmen-/Ausgaben-Rechnung, die ich an jedem Monatsersten für den Vormonat erledige, oder aber die Erinnerung an meine Wochen-Checkliste, die ich jeden Freitag abarbeite, bzw. meine Monats-Planung (ich plane jeweils am 28. des Vormonats den kommenden Monat).
Eigentlich widerspricht dieser Kalender ja meiner Aussage, keine Aufgaben und To-dos in einen Kalender einzutragen. Aber diese Fix-Aufgaben stellen eine Ausnahme dar, da sie im Kalender leichter zu handhaben sind als in Evernote (zumindest für meinen Geschmack).

- <u>Österreichische Feiertage</u>:
  Eigentlich handelt es sich dabei nicht um einen Kalender im ursprünglichen Sinn, sondern um ein Add-on von Google. Du kannst dir nämlich von verschiedenen Ländern die Feiertage anzeigen lassen. Das ist nicht nur im eigenen Land von Vorteil, sondern schützt auch vor bösen Überraschungen auf Reisen!

So weit also eine kurze Übersicht meiner Kalender. Ich bin mir sicher, mit diesen Beispielen hast du sehr schnell deine eigenen Kalender zusammengestellt.
Übrigens kannst du jedem dieser Kalender eine eigene Farbe zuordnen und dir dann alle gemeinsam anzeigen lassen. So hast du einen guten Überblick, welcher Termin in welchen Bereich fällt.

Nun haben wir so viel wie möglich aus deinem Kopf in deine digitalen Helfer transferiert. Ein fokussiertes Arbeiten, ohne großartig an andere Dinge denken zu müssen, ist nun sicher möglich.

So schaffst du die „Zero Inbox"

Das leidige Thema „überfüllte Inbox und massenhaft E-Mails" ist eigentlich das ganze Jahr über akut. Besonders schlimm ist es meistens nach Urlauben oder sonstigen längeren Abwesenheiten. Da türmen sich die E-Mails im Posteingang!

Oftmals bleiben diese E-Mails dann Tage, Wochen, Monate oder sogar Jahre gespeichert, wirklich bearbeitet wird nur ein Teil davon. Zum Problem wird das meist dann, wenn man das E-Mail-Programm öffnet und dann lesen muss *„Sie haben 76 neue E-Mails und 2975 gelesene E-Mails in ihrem Posteingang"*.

Das ist jedes Mal ein richtiger Schlag ins Gesicht. Denn diese Zahlen zeigen ganz eindeutig: Ich werde mit der Flut an E-Mails nicht fertig. Dabei gibt es vier einfache Regeln, mit denen du deine E-Mails immer im Griff hast.

Regel 1: Ein Posteingang für alle E-Mail-Adressen

Du kennst das Problem der vielen E-Mail-Adressen sicher: Eine berufliche, eine private und eine für das Hobby sind zumeist die Minimum-Anzahl an E-Mail-Adressen, die Otto Normalverbraucher besitzt. Meist sind es noch bedeutend mehr.

Da ist es doch mehr als sinnvoll, alle E-Mails in nur einem Posteingang sammeln zu können. Und natürlich auch, die E-Mail in diesem einen Posteingang zu bearbeiten und unter der gewünschten E-Mail-Adresse wieder abzusenden. Das Ganze am besten noch synchronisiert auf allen Geräten (PCs, Smartphone, Tablet, ...) und von überall auf der Welt abrufbar. Eine Traumvorstellung? Nein, gar nicht.

Google-Mail macht es möglich. So ersparst du dir schon mal, verschiedene E-Mail-Programme oder Web-Dienste zu öffnen. Du hast alles auf einer Plattform. Du wirst sehen, dass macht dich wesentlich produktiver und effizienter.

Regel 2: Den richtigen Rhythmus der Bearbeitung finden
Ganz ehrlich, ich halte nichts von Regeln wie „Sieh dir deine E-Mails nur 2 x täglich an“ oder „Sieh dir bloß nie gleich am Morgen deine E-Mails an“. Versuche einfach auszutesten, welche Intervalle zum Abrufen und Bearbeiten der E-Mails für dich am besten sind.

Schließlich kann es für dich und deine Arbeit extrem wichtig sein, zu allererst einmal die E-Mails zu checken. Möglicherweise musst du auch sehr zeitnah auf E-Mails antworten. Aber das musst du ja ohnehin selbst wissen.

Meine Empfehlung: Öffne dein E-Mail-Postfach so selten wie nur irgendwie möglich!

Ich kann dich auch hier nur ermuntern: Teste, teste, teste! Und zwar so lange, bis du den für dich optimalen Rhythmus gefunden hast.

Regel 3: Wenn du dein E-Mail-Programm verlässt, befindet sich keine einzige Mail mehr in deiner Inbox
Uffff, ja, das ist mit Sicherheit die am schwersten auszuführende Regel. Aber keine Sorge, mit ein wenig Übung und Routine packst du das.

- Schritt 1: Unnötiges Abbestellen und Löschen! Mit Abbestellen meine ich natürlich größtenteils Newsletter. Wenn du ihn nicht liest, dann bestelle ihn doch einfach ab! Das erspart dir das regelmäßige Drücken der Löschen-Taste. Zögere auch nicht, E-Mails zu löschen, die nicht unter die Kategorie Newsletter fallen. Ich habe keine Ahnung, warum so viele Menschen Probleme damit haben, E-Mails zu löschen. Ich lösche täglich einige E-Mails, größtenteils ungelesen. Absender und Betreff reichen für diese Entscheidung oft schon aus. Manchmal bedarf es eines kurzen Screenings des

Textes, um zu dieser Entscheidung zu gelangen.

- Schritt 2: Alles, was unter zwei Minuten zu erledigen ist, wird sofort erledigt!
  Warum? Ganz einfach, diese E-Mails irgendwo anders zu sammeln und später abzuarbeiten, würde zusätzliche Zeit in Anspruch nehmen und ganz ehrlich, wenn du eine E-Mail unter zwei Minuten abarbeiten kannst, zahlt sich das nicht wirklich aus.
  Zu den zwei Minuten gehören allerdings das Lesen der E-Mail, zu antworten, sämtliche Recherchen und natürlich auch das Anhängen von Dateien. Dauert dieser ganze Prozess länger als zwei Minuten, dann gilt das „sofort Abarbeiten“ nicht mehr.

- Schritt 3: Ist ein Delegieren möglich?
  In diesem Punkt überlegst du dir, ob die Aufgabe, diese E-Mail zu bearbeiten, auch jemand anderer übernehmen kann:
  Falls ja, sendest du die E-Mail sofort weiter. Willst du den Fortschritt desjenigen, dem du die E-Mail gesendet hast, überprüfen, dann verschiebe die E-Mail in den Ordner „Delegiert“. In diesem Ordner hast du dann einen Überblick, was du alles delegiert hast, und verlierst nie den Überblick. Ist das nicht nötig, lösche die E-Mail. Ist der Auftrag abgearbeitet, löschst du die E-Mail auch aus dem „Delegiert“-Ordner.

- Schritt 4: Alles, was länger als zwei Minuten dauert!
  Ich treffe hier nochmals eine Unterscheidung, zwischen unter fünf Minuten und über fünf Minuten Bearbeitungszeit. Alles, was unter fünf Minuten dauert, verschiebe ich in den Ordner „Später erledigen“ (diesen Schritt kannst du aber auch auslassen).
  Alles, was über fünf Minuten dauert, sende ich an Evernote weiter und wird ein Punkt auf meiner To-do-

Liste in Evernote. Das heißt, ich sende die E-Mail durch „weiterleiten“ an Evernote oder ich nutze dazu den Evernote-Webclipper.
Außerdem öffne ich sofort meine To-do-Liste (ebenfalls in Evernote gespeichert) und trage die Abarbeitung dieser E-Mail in meine To-do-Liste ein.

- Schritt 5: E-Mails, die nur zu lesen sind! Solche E-Mails kommen in dem „Später Lesen“-Ordner. Dabei handelt es sich größtenteils um Berichte oder Newsletter.

Das war es, damit hast du alle E-Mails verarbeitet und eine Zero-Inbox!

Regel 4: Automatisiere so viel wie möglich
E-Mails automatisieren, war für mich auch lange Zeit ein Fremdwort. Aber es ist wirklich extrem einfach und sehr effizient. Mit Google-Mail kannst du sehr einfach Regeln festsetzen, mit denen du die E-Mail-Verarbeitung automatisierst.
Hier mal nur eine Übersicht, was ich alles automatisiere:

- Nervige E-Mail-Absender, die nur Schrott versenden, landen automatisch im Papierkorb.
- Absender, von denen ich weiß, dass der Inhalt nur zu lesen ist, aber keine Reaktion erfordert, landen automatisch im Ordner „Zu Lesen“. Dazu gehören in der Regel alle Newsletter.
- Mit Google-Mail kann man Werbe-E-Mails in einem eigenen Tab speichern. Auch das hält die Inbox sauber.
- E-Mails von gewissen Absendern werden automatisch delegiert. Was meine ich damit? Zum Beispiel erhalte ich von gewissen E-Mail-Adressen (rechnung@firma.com) immer nur Rechnungen. Diese leite ich automatisch an meine Steuerberaterin oder

Buchhalterin weiter.

- E-Mails von gewissen Absendern leite ich automatisch an Evernote weiter, um sie dort zu bearbeiten.
- Usw.

E-Mails sind ein großer Zeitfresser, aber in der heutigen Zeit einfach unumgänglich. Du tust deiner eigenen Produktivität also einen großen Gefallen, wenn du mit dem Medium E-Mails sehr effizient umgehst. Ich denke, diese vier Regeln sollten dir dabei helfen.

In den Bonus-Tools stelle ich dir ein Video zur Verfügung, in dem ich dir zeige, wie du deinen Google-Mail-Account sinnvoll einsetzen kannst.

Das Thema Datenschutz

Ich bin mit Sicherheit kein Experte, was das Thema Datenschutz betrifft, daher werde ich diesen Abschnitt nur sehr kurz halten. Trotzdem möchte ich dir meine Meinung zu diesem Thema ein wenig näher erläutern.

Die absolute Sicherheit gibt es nicht

Nach dem großen NSA-Skandal im Jahr 2013 ist wohl klar, dass es die absolute Datensicherheit nicht gibt. Wenn jemand an deine Daten kommen will, wird er Mittel und Wege finden. Die Frage, die sich mir aber stellt, ist: Wen interessieren schon Daten von Bürgern wie dir und mir? Gut, vielleicht bist du ja ein Promi (es ehrt mich, dass du dieses Buch liest), dann sieht die Sachlage ein wenig anders aus. Aber für 95 % der Menschheit wird es völlig egal sein, ob jemand mitliest.

Vor allem in den Cloud-Diensten wird es immer ein gewisses Sicherheits-Risiko geben. Ich möchte hier auch das Thema Datenschutz nicht verniedlichen oder gar kleinreden, aber ich denke nicht, dass jemand an meinen Daten interessiert ist.

Mein Datenschutz

Trotzdem achte ich auf ein gewisses Maß an Datenschutz. Sensible oder besser gesagt mir wichtige Dateien schütze ich mittels Passwort. Extrem sensible Daten wie TAN's, Passwörter oder Kontodaten habe ich nicht online abgespeichert. Das soll es dann zum Thema Datenschutz auch schon gewesen sein.

Es gibt natürlich jede Menge Anbieter, die sich das Thema Datenschutz auf die Brust geschrieben haben. So kann ich dir für die Dropbox zum Beispiel den Dienst „Boxcrypter“ empfehlen. Mit diesem Dienst kannst du einzelne Ordner der Dropbox sichern.

Auch in Evernote hast du die Möglichkeit, einzelne Notizen zu verschlüsseln und mit Passwörtern zu versehen. Wie das funktioniert, erfährst du in diesem Artikel:
http://selbstmanagementformel.com/datenschutz
Dort gibt es auch eine Buchempfehlung und ein interessantes Interview zu hören.

Viel mehr will ich zum Thema Datenschutz auch nicht mehr sagen, das überlasse ich lieber den Experten für dieses Thema.

Die richtige Ordner-Struktur

Wie schnell du findest, was du suchst, liegt in der Regel an der richtigen Ordnerstruktur. Aber es geht nicht nur um das Finden, sondern auch darum, schnell zu entsprechenden Dateien zu kommen. Was nützt es schon, wenn du weißt, wo sich eine Datei befindet, wenn du dich davor durch neun Ordner klicken musst? Aber beginnen wir Schritt für Schritt und das wäre zunächst einmal:

Vergib einen guten Namen
Wie sieht der optimale Name einer Datei aus? Dazu sollten wir zunächst einmal ein paar Kriterien definieren, die für die Namensgebung wichtig sind. Diese wären:

- Schnell und einfach zu finden!
- Leicht zu merken!
- Eventuell mit Erstellungs-Datum versehen.

Ich persönlich schrecke auch nicht davor zurück, lange Namen zu vergeben. Scanne ich zum Beispiel die Rechnungen für die Buchhaltung ein, dann vergebe ich den Namen „201404Steuer". 2014 ist die Jahreszahl, 04 gilt für den Monat April und der Name Steuer besagt, dass ich hier alle meine Rechnungen für die Buchhaltung und Steuer abgelegt habe.

Du kannst das Datum natürlich auch in diesem Format schreiben: 2014-04-16, was übersichtlicher als 20140416 ist. Egal, welche Variante du wählst, du musst sie im Anschluss immer so beibehalten, denn sonst gibt es Probleme.

Das Datum vor den Namen zu schreiben, hat außerdem den Vorteil, dass du so gleich eine Ordnung nach Datum herstellen kannst. Schreibst du das Datum nach dem Namen, geht die alphabetische Reihung des Namens zuerst und dann erst das Datum! Überlege dir einfach, wie es für dich am besten ist.

Überprüfe einfach jeden Dateinamen, den du vergibst, auf die oben erwähnten Kriterien.

Ordner-Struktur
Beim Namen des Ordners gilt dasselbe wie für den Datei-Namen: Schnell und einfach zu finden, leicht zu merken und eventuell mit Erstellungsdatum versehen.
Außerdem solltest du bei der Erstellung von Ordner-Strukturen immer darauf achten, dass es in jedem Ordner maximal drei Unterordner geben sollte. Das bedeutet, dass du dich in maximal vier Ordnerebenen organisieren solltest.

Hier ein paar Beispiele für sinnvolle Ordner-Strukturen:

- Rechnungen - Privat - Auto
- Rechnungen - Privat - Wohnung
- Rechnungen - Selbstständigkeit - Kommunikation (Internet, Telefon, Skype, ...)
- Rechnungen - Selbstständigkeit - Fortbildung
- Medien - Musik - Country
- Medien - Filme - Familienfeste
- Medien - Fotos - Fußballverein

Ich denke, diese Beispiele stellen schön dar, dass es in der Regel reicht, mit drei Ordner-Ebenen zu arbeiten. Ich versuche in der Regel immer auf diesen drei Ebenen zu bleiben, nur im absoluten Notfall eröffne ich eine vierte Ebene.

Wichtig:
Überlege dir die Struktur stets im Vornhinein. Nachher an einer Ordner-Struktur Veränderungen vorzunehmen, ist zwar nicht unmöglich, aber sehr anstrengend.
Außerdem solltest du Dateien, die du sehr oft verwendest, unbedingt in die erste Ordnerebene legen oder mit Verknüpfungen am Desktop arbeiten. Das erspart dir jede Menge sinnloser Klicks.

Online-Speicher richtig einsetzen
Du kennst sie doch sicher, Cloud-Dienste wie zum Beispiel

Dropbox, Google-Drive, Box oder OneDrive. Jeder dieser Dienste bietet in der Regel ein gewisses Kontingent an gratis Speicherplatz an. Wenn du also Geld sparen willst, kannst du dich bei all diesen Diensten anmelden. In diesem Fall empfiehlt es sich aber ebenfalls strukturiert vorzugehen.

So könnte eine sinnvolle Aufteilung zum Beispiel aussehen:

- Dropbox: für alle privaten Dateien
- Google-Drive: für alles, was die Selbstständigkeit oder den Job betrifft.
- One-Drive: für alles, was das Hobby und die Freizeit betrifft.

Der Spezialfall Fotos

Während es bei Office-Dokumenten oder PDF-Dateien nicht so schlimm ist, wenn man etwas einmal nicht so genau benennt, ist es bei Fotos meist verheerend. Warum? Ganz einfach, moderne Computer können auch nach Schlagwörtern und Texten innerhalb der Dateien suchen. So ist es meist nicht so tragisch, wenn der Datei-Name ein wenig daneben liegt.

Bei Fotos ist das aber nicht möglich und daher muss man gerade bei Fotos sehr strukturiert und sinnvoll vorgehen.
Du kannst dich entscheiden, ob du den Dateinamen der Fotos nach dem Ort, an dem sie aufgenommen wurden, nach dem Datum, an dem sie aufgenommen wurden, oder nach den Personen, die sich auf dem Foto befinden, sortierst.
Am besten ist allerdings, du kombinierst alle diese Möglichkeiten. Hier ein paar Beispiele aus meiner Foto-Galerie:

- 20131224 Weihnachten Familie
- 20140123 Hallenturnier Neusiedler mit der U16 des SV Aspern
- 20140430 Ausflug Hundskogel mit Astrid und Frank

Ja, die Namen werden zwar etwas länger, aber das Finden

wird wesentlich einfacher!

Du siehst also, es ist extrem wichtig, sich vorher Gedanken über Datei-Namen, Ordner-Namen und eine Ordner-Struktur zu machen. Das erspart dann später viele Millionen unnötiger Klicks und viele Stunden unnötiges Suchen. Denn, ob du es glaubst oder nicht, selbst wenn du dich nur zwei Minuten pro Tag mit solch unnötigen Aktionen herumschlägst, dann sind das schon 730 Minuten im Jahr, was über zwölf Stunden entspricht! Schlimm, oder?

Also nimm dir doch lieber jetzt eine oder zwei Stunden Zeit und überdenke deine Namensgebung sowie deine Ordnerstruktur und vereinheitliche sie für alle deine Systeme. Dazu brauchst du nicht alle Dateien umzubenennen.

Verschiebe einfach alle deine Ordner und Dateien in einen Ordner, den du „Alt“ benennst. Jedes Mal, wenn du aus diesem „Alt“-Ordner dann eine Datei bearbeitest, speicherst du sie in deinem neuen Ordner-System ab. So hast du nicht nur sehr schnell alle wichtigen Dateien im neuen System, sondern auch gleich dein gesamtes System ausgemistet. Denn einige dieser Dateien werden wohl nie in das neue System übernommen.

Um das digitale Entrümpeln geht es auch gleich im nächsten Abschnitt!

Digitale Entrümpelung

Die beste Ordner-Struktur, die beste Namensgebung und das beste digitale Ablagesystem schützen dich natürlich nicht davor, dass sich im Laufe der Zeit jede Menge Müll ansammelt. Viele der Dateien in deinem System wirst du vermutlich nie mehr benötigen. Daher musst du, wie auch im realen Leben, ab und zu mal durchputzen und unnötigen Ballast löschen.

Einerseits sparst du so an Speicherplatz (was natürlich vor allem bei Cloud-Diensten sehr wichtig sein kann) und andererseits kannst du durch das Löschen der unnötigen Dateien die wichtigen Dateien schneller finden.

Daher empfehle ich dir, zumindest einmal im Jahr jeden einzelnen Ordner und jede einzelne Datei auf ihre „Daseinsberechtigung" zu überprüfen. Ich mache das in der Regel am 1. Januar jedes Jahres. Denn es handelt sich hier um eine nicht besonders anspruchsvolle Arbeit, die sich ohne Weiteres auch mit etwas schwerem Kopf ganz leicht erledigen lässt.

Ich lösche an diesem Tag alle Dateien, die ich schon seit über einem Jahr nicht geöffnet habe. Du erkennst das ganz leicht am Bearbeitungsdatum der einzelnen Dateien oder Ordner.

Wenn dir das Löschen zu riskant ist, dann archiviere die Dateien zumindest an einem Ort außerhalb deines momentanen Datei-Systems. Das kann ein eigener Ordner („Archiv"), eine externe Festplatte oder ein Cloud-Speicher-Dienst sein. Dort kannst du dann einen Ordner anlegen, ihn mit dem Datum der Sicherung benennen (zum Beispiel „Sicherung 20140101") und alles, was du im letzten Jahr nicht verwendet hast, dort hinkopieren.

In der Regel wirst du diese Dateien nie wieder brauchen und

den Ordner „Sicherung 20140101“ nie wieder öffnen. Aber es ist ein besseres Gefühl, etwas doch noch finden zu können, für den Fall, dass man es vielleicht irgendwann brauchen könne.

Gratulation! Wenn du alle Tipps dieses Kapitels umgesetzt hast, dann hast du dein digitales Leben ab sofort im Griff. Ein erleichterndes Gefühl, oder?

Arbeitsaufgaben

Aufgabe 1:
Lade dir Evernote (http://selbstmanagementformel.com/evernote) auf alle deine Geräte (PC, Laptop, Tablet, Smartphone) und lege dir einen Evernote-Account an.

Aufgabe 2:
Sieh dir das kostenlose Evernote-Tutorial an, das du in den Bonus-Tools findest.

Aufgabe 3:
Wenn dir Evernote gefällt, lade ich dich ein, dir anzusehen, wie ich Evernote für mein Life-Management verwende. Dazu kannst du dir das Buch (http://selbstmanagementformel.com/emlmt) bei Amazon kaufen oder meinen Video-Kurs dazu erwerben (in den Bonus-Tools erfährst du, wie du als Leser dieses Buches diesen Kurs zum halben Preis bekommen kannst).

Aufgabe 4:
Lege dir einen Google-Mail-Account (http://mail.google.com) an, gehe auf Google-Kalender und erstelle dir die von dir benötigten Kalender.

Aufgabe 5:
Richte deinen Google-Mail-Account nach deinen Bedürfnissen ein. Wie erfährst du in auch in einem Video, das du in den Bonus-Tools findest.

Aufgabe 6:
Nimm dir ein Blatt Papier zur Hand, setz dich vor deinen Computer und mach dir Gedanken über deine künftige Ordner-Struktur. Öffne dazu einfach deine momentane Struktur und stelle Überlegungen an, wie du diese besser

handhaben könntest. Setze die neue Ordner-Struktur aber nicht gleich um, sondern lass sie lieber noch einen oder zwei Tage liegen und überarbeite sie dann noch einmal. In der Regel hat man nach dieser Pause noch ein paar gute zusätzliche Ideen oder Änderungen, da man mit einem etwas veränderten Blickwinkel nochmals drüberschaut.

Überlege dir zeitgleich auch ein System für die Namensgebung deiner Dateien. Nach welchem System willst du sie zukünftig benennen? Überlege dir eine Variante für Foto-Dateien und eine für alle anderen Datei-Typen. An diese hältst du dich dann ab sofort!

Aufgabe 7:
Entrümple deine Dateien und Ordner. Wenn du eine neue Ordner-Struktur anlegst, kannst du das ohnehin gleich in einem Aufwasch machen. Falls dir das im Moment zu aufwendig ist, öffne sofort den Google-Kalender und trage den Termin, an dem du die digitale Entrümpelung vornehmen willst, in den entsprechenden Kalender ein!
Lösche an diesem Tag alle Dateien, die du seit über einem Jahr nicht geöffnet hast. Du erkennst das ganz leicht am Bearbeitungsdatum der einzelnen Dateien oder Ordner. Falls dir das Löschen zu riskant ist, archiviere diese Dateien.

Deine Werte, Visionen und Ziele

Kennst du deine Werte?

Besonders leistungsfähige Menschen wissen, woran sie glauben bzw. wofür sie einstehen, und handeln diesen Werten nicht zuwider. Unglückliche Menschen, die wenig erreichen, haben oft keine klare Vorstellung von ihren Leitideen und gehen regelmäßig faule Kompromisse ein.

Zu welcher Kategorie gehörst du?

Ich gehörte sehr lange zu den Menschen ohne Leitideen und Werte. Zumindest waren sie mir nicht klar!

Werte bestimmen unsere

- Gefühle,
- Antriebskräfte,
- Reaktionen.

Nehmen wir als Beispiel den Wert „Fairness“:

- Er bestimmt unsere Gefühle: Wenn wir etwas unfair finden, werden wir wütend!
- Er bestimmt unsere Antriebskraft: Wenn wir Fairness in ein Team bekommen wollen!
- Er bestimmt unsere Reaktionen: Unfaire Teammitglieder werden bestraft!

Außerdem legen Werte folgende Dinge fest:

- Welche Menschen wir attraktiv finden.
- Mit wem wir gerne zusammenarbeiten und zusammenleben.
- Wen wir schätzen.
- Mit wem wir uns umgeben: Meistens haben diese Menschen dieselben oder ähnliche Werte wie wir.

Außerdem identifizieren wir uns besonders stark mit Menschen, die dieselben Werte haben wie wir. Das betrifft vor allem unsere Vorbilder bzw. Stars, die wir anhimmeln.

Hierarchie der Werte

Manche Werte stehen höher und sind uns dementsprechend wichtiger. Andere wiederum sind uns weniger wichtig und stehen in der Hierarchie daher weiter unten.
Besonders wenn wir unter Druck stehen, bekennen wir uns zu den Werten, die uns am meisten bedeuten. Daher ist die Erfahrung, unter Druck zu stehen, besonders wertvoll.

Ich habe das in meiner Zeit als Fußballtrainer immer wieder erlebt. Nach einigen Misserfolgen standen die Mannschaft und ich immer gehörig unter Druck. In solchen Situationen besinnt man sich ganz besonders auf jene Werte, die einem wichtig sind!

Das zu wissen, kann dir bei der Bestimmung deiner Werte sehr helfen. Erinnere dich einfach an Situationen, in denen du unter Druck gestanden hast. Wie hast du da reagiert? Welche Werte waren dir in diesen Situationen besonders wichtig? Woran hast du dich orientiert?

Schließe für ein paar Sekunden die Augen und versetze dich in eine dieser Situationen zurück. Stelle dir dabei gezielt diese Fragen!

Aus Werten werden Regeln

Unsere Werte geben gleichzeitig Regeln vor, nach denen wir leben. Das passiert oft unbewusst. Steht zum Beispiel der Wert „Fairness“ sehr weit oben in unserer Hierarchie, dann ergibt sich daraus die Regel „Behandle alle Menschen gleich“.
Ein weiterer Vorteil, deine Werte zu kennen, ist also, dass du aus diesen Werten in der Folge Regeln machen kannst.
Diese Regeln wiederum kannst du deinem Umfeld mitteilen und somit kann sich jeder darauf einstellen. Besonders wichtig

ist das, wenn du eine Führungsposition innehast.

Der Vorteil, seine Werte zu kennen
Seine Werte zu kennen, hat viele Vorteile, die wichtigsten davon will ich dir jetzt aufzählen:

- Du wirst dich in kritischen Momenten viel leichter tun.
- Es wird dir wesentlich leichter fallen, Entscheidungen zu treffen.
- Kennen deine Freunde und Mitarbeiter bzw. dein Umfeld jene Werte, die dir wichtig sind, werden sie dementsprechend darauf eingehen.
- Selbstverständlich lassen sich auch Werte für ganze Teams entwickeln. So lässt es sich effizient und glücklich nebeneinander arbeiten.

Daher nochmals meine Frage: Kennst du deine Werte? Woran glaubst du? Wofür stehst du ein? Was sind deine innersten Überzeugungen und Prinzipien?
Je genauer du diese Fragen beantworten kannst, umso erfolgreicher, glücklicher und vor allem umso effizienter wirst du leben, lernen und arbeiten.

Wie kommst du zu deinen Werten?
Wenn du die oben gestellten Fragen nicht beantworten kannst, so macht das gar nichts. Wir werden jetzt nämlich deine Werte bearbeiten.

Ich habe dir in den Bonus-Tools eine Liste mit über 400 Werten zur Verfügung gestellt. Bitte rufe diese Liste mit Werten jetzt auf!

Wichtig ist nun, dass du Schritt für Schritt vorgehst. Halte dich bitte genau an die Reihenfolge, die ich dir jetzt vorgebe:

1. Drucke dir die Vorlage für deine Werte-Erstellung (du findest sie ebenfalls in den Bonus-Tools) aus.

2. Drucke dir ebenfalls die Liste mit den über 400 Werten aus.
3. Nimm dir nun bewusst Zeit für diese Übung. Wenn du im Moment nicht die nötige Ruhe hast, dann verschiebe diese Übung auf einen späteren Zeitpunkt. Suche einen Lieblingsort auf, setz dich in dein Lieblingscafé, aber versuche unbedingt in einem entspannten und ausgeruhten Zustand zu sein. Nimm dir für diese Übung 20-30 Minuten Zeit.
4. Gehe nun die Liste mit den 400 Werten durch und schreibe in jeder der Kategorien (Privat, Beruf, Finanzen, Gesundheit und Fitness, Karitatives, Spirituelles) jene Werte, die dir wichtig erscheinen, auf. Es ist ganz egal, ob du pro Kategorie nur fünf oder über 20 Werte auswählst. Schreibe einfach jeden Wert, der dir in der entsprechenden Kategorie wichtig ist, in die entsprechende Spalte.
5. Gehe nun Spalte für Spalte durch und markiere jene fünf Werte, die für dich am wichtigsten sind.
6. Nimm dir nun jeden dieser fünf Werte pro Spalte genauer vor. Überlege, welcher Wert wichtiger ist, als der andere. Erstelle so eine Hierarchie vom Erstwichtigsten bis zum Fünftwichtigsten.
7. Kontrolle: Beobachte dein derzeitiges Verhalten! Stimmt es mit deinen Werten, die du hier erarbeitet hast, überein?

Gratuliere! Du hast nun in all diesen Kategorien deine Werte hierarchisch dargestellt. Nun kannst du dich daran machen, aus diesen Werten Regeln zu erstellen.
Ganz besonders wichtig ist, dass du diesen Werten, die du hier erarbeitet hast, nicht zuwiderhandelst!

Werte überarbeiten
Werte können sich natürlich ändern. Daher empfehle ich dir, diese Übung einmal pro Jahr durchzuführen. Ich führe diese Übung jeweils am 1. Januar durch. Dieser Zeitpunkt bietet sich

daher relativ gut an, da man sich an diesem Datum sehr viele Vorsätze macht. Oftmals widersprechen diese Vorsätze aber den eigenen Werten! Daher erstelle ich immer zuerst eine Liste der Werte, um dann meine Neujahrsvorsätze zu notieren.

Werte sind wie ein Kompass, die mir helfen, in Schlüsselsituationen Entscheidungen zu treffen. Es gilt aber auch zu bedenken, welche Werte ich brauche, um die von mir gewünschten Ergebnisse zu erzielen.

Werte können natürlich privat unterschiedlich sein, als wenn du in der Arbeit bist oder in der Freizeit agierst. Daher ist es wichtig, für jeden dieser Bereiche seine eigenen Werte zu erstellen. So habe ich privat zum Beispiel ganz andere Werte, als das als Fußballtrainer der Fall ist.

Was ist deine große Vision? Dein Warum?

Ich möchte diesen Abschnitt mit einem Zitat beginnen:

Wenn das Leben keine Vision hat, nach der man strebt, nach der man sich sehnt, die man verwirklichen möchte, dann gibt es auch kein Motiv sich anzustrengen. Erich Fromm (1900-1980), deutsch-amerikanischer Psychoanalytiker und Philosoph

Eine Vision ist der Zustand, den man im Leben einmal erreichen will. Im Prinzip ist das eine ganz einfache Definition! Aber warum ist es eigentlich so wichtig, eine Vision zu haben?

Wer eine Vision hat:

- Kennt die Richtung bzw. den Weg, den er/sie einschlagen muss.
- Kann seine Entscheidungen anhand dieser Vision ausrichten und tut sich somit leicht, diese zu treffen.
- Wird aktiv an seinen Zielen arbeiten.
- Wird den Antrieb haben, diese Vision in die Tat umzusetzen. Wenn andere aufgeben, wird er/sie noch weiter arbeiten.

So weit, so gut. Wie findet man aber seine Visionen?
Ich möchte dir in den folgenden Zeilen ein paar Hinweise geben, wie du eine Lebensvision für dich entwickeln kannst. Dazu ist es zunächst wichtig, ein paar Voraussetzungen zu schaffen. Eine dieser Voraussetzungen ist es, ein Zeitfenster zu schaffen, in dem du nicht nur Zeit, sondern auch die Ruhe findest, dich mit dem Thema Lebensvision zu beschäftigen. Ich würde mir an deiner Stelle einen Nachmittag frei halten, um dich nur mit diesem Thema beschäftigen zu können.

An diesem Nachmittag solltest du außerdem einen deiner Lieblingsorte aufsuchen. Alles, was du brauchst, sind ein

Notizbuch (vielleicht ein besonders schönes) und einen Stift zum Schreiben. Dann brauchst du nur noch Ablenkungen vermeiden. Das ist oft leichter gesagt als getan: Schalte also nicht nur dein Mobiltelefon ab, sondern begib dich auch an einen Ort, an dem du nicht gestört werden kannst.

Somit hast du die optimalen Voraussetzungen, deine Lebensvision zu finden, schon einmal geschaffen. Nimm nun dein Notizbuch zur Hand und führe zunächst einmal ein Brainstorming durch. Stelle dir dabei folgende Fragen:

- Was will ich erreichen?
- Wofür will ich einmal in Erinnerung bleiben?
- Was soll mein Vermächtnis sein?
- Was mache ich besonders gerne?

Wenn du diese Fragen einmal beantwortet hast, bist du einer Lebensvision vermutlich schon ein großes Stück näher. Vielleicht kannst du durch die Beantwortung dieser Fragen sogar schon deine eigene Lebensvision definieren! Sollte das noch nicht der Fall sein, ist das aber auch kein Problem. Denn ich habe noch zwei weitere Übungen für dich, die dir bei der Findung einer Lebensvision helfen können.

Übung: Dein 80. Geburtstag

Schließ die Augen und stell dir vor, es ist dein 80. Geburtstag. Du feierst dieses Fest in einem großen Festsaal und jede Menge Leute sind gekommen, um dich hochleben zu lassen. Wie das bei runden Geburtstagsfeiern so üblich ist, besonders in diesem hohen Alter, gibt es auch Festredner. In deinem Fall sind das vier Redner:

- ein Familienmitglied,
- ein guter Freund oder eine gute Freundin,
- ein Arbeitskollege oder eine Arbeitskollegin,
- ein Vertreter der Stadt oder Gemeinde, in der du deinen Lebensmittelpunkt hast.

So weit, so gut! Nimm jetzt wieder dein Notizbuch zur Hand und notiere, was diese vier Redner über dich sagen sollen. Wenn du Lust hast, schreibe die ganzen Reden für jede einzelne dieser Personen. Du kannst dich aber auch mit einzelnen Stichwörtern zu jeder Rede begnügen. Wie du da vorgehst, überlasse ich ganz dir!

Wenn du damit fertig bist, wirst du für jeden Bereich (Familie, Freunde, Arbeit, Umfeld) einen guten Überblick haben, was du noch so in deinem Leben erreichen willst. Vielleicht bist du jetzt deiner Lebensvision oder deinen Lebensvisionen schon einen Schritt näher.

Falls auch diese Übung noch immer kein eindeutiges Ergebnis gebracht hat, habe ich noch eine weitere für dich.

Übung: Ergänzungssätze
Schreibe jeden dieser folgenden Sätze in das Notizbuch. Jeder Satz ziert die Überschrift einer ganzen Seite. Nachdem du die Sätze in dein Notizbuch geschrieben hast, kannst du Satz für Satz durchgehen und die jeweiligen Antworten zu den Sätzen formulieren.

Hier die Sätze, die du in dein Notizbuch schreiben solltest:

- Meine Herzenswünsche – also Sachen, die ich unbedingt erreichen, erleben oder haben will, sind:
- Wenn Geld und Zeit keine Rolle spielen würden, würde ich mir vornehmen:
- Was ich wirklich bereuen würde, wenn ich es nicht tun würde, wäre:
- Sachen, die mir schon beim Tun selbst Freude machen und mich beglücken, sind:
- Wovon ich schon als Kind träumte, war:
- Welche konkreten Ziele kann ich aus der Beantwortung der vorhergegangenen Sätze ableiten:

Nun solltest du schon eine ziemlich konkrete Vorstellung

deiner Lebensvision haben. Wir werden uns mit diesem Thema aber noch weiter auseinandersetzen. So werden wir zum Beispiel eine Bucketlist erstellen und auch versuchen, deine Leidenschaft zu finden. Auch die Ergebnisse aus diesen beiden Abschnitten bzw. Übungen kannst du in die Erstellung deiner Lebensvision einfließen lassen.

Nimm dir auf alle Fälle genügend Zeit bei der Erstellung deiner Lebensvision. Schließlich soll es ein großes Thema sein, an dem du sehr lange Zeit arbeiten wirst! Allerdings wird dir diese Arbeit nicht wie Arbeit im herkömmlichen Sinn vorkommen, sondern es wird etwas sein, das du gerne tust. An deiner Lebensvision zu arbeiten, wird dir Freude bereiten und dich beglücken.

Wenn du die richtige Lebensvision für dich gefunden hast, werden auch dein Bauchgefühl und dein Herz zu dir sprechen. Es wird etwas sein, das dich magnetisch anzieht und dich für die kommenden Jahre vermutlich nicht mehr loslassen wird.

Menschen mit Visionen

Um dich ein wenig zu inspirieren, möchte ich dir hier noch ein paar Beispiele bringen und dir Menschen vorstellen, die Visionen haben oder hatten und diese auch umsetzten. Ich denke, ich muss diese Menschen nicht weiter vorstellen, denn diese Visionäre dürften jedermann bekannt sein. Nutze die Möglichkeit, die eine oder andere Biografie über diese Menschen zu lesen, denn daraus wirst du viel Mehrwert ziehen.

- Ingvar Kamerad, Ikea-Gründer
- Steve Jobs, Apple-Gründer
- Bill Gates, Gründer von Microsoft
- Richard Branson, Gründer von Virgin
- Joanne K. Rowling, Autorin von Harry Potter
- Jamie Oliver, Starkoch

- Marc Zuckerberg, Facebook-Gründer
- Und viele mehr

Und jetzt wünsche ich dir viel Spaß bei der Erstellung deiner Vision!

Finde deine Leidenschaft

Was ist deine Leidenschaft? Wofür brennst du? Was ist deine Berufung? Ich habe Menschen kennengelernt, die auf diese Fragen wie aus der Pistole geschossen antworten konnten. Ich habe aber auch Menschen kennengelernt, die auf all diese Fragen keine Antwort wussten.

Ganz egal, zu welcher Kategorie du gehörst, ich lade dich recht herzlich ein, die beiden Übungen, die ich dir in diesem Kapitel vorstelle, auch auszuführen. Selbst wenn du deine Leidenschaft, deine Berufung schon kennst, wirst du möglicherweise sehr viel daraus mitnehmen können.

Übung: Beschreibe deinen perfekten Tag
Nimm einen Zettel oder ein Notizbuch zur Hand und beschreibe deinen perfekten Tag. Wie soll er ablaufen? Was tust du von früh bis spät? Geld spielt dabei überhaupt keine Rolle. Auch andere Grenzen brauchst du nicht berücksichtigen. Schalte einfach alle Barrieren aus, lehne dich ein wenig zurück und beschreibe ausführlich deinen perfekten Tag.

Wenn du mit dem Schreiben fertig bist, leg den Zettel oder das Notizbuch für einen oder zwei Tage weg. Nimm es erst nach diesen zwei Tagen wieder zur Hand und überarbeite deine Geschichte noch einmal. Wenn du mit der endgültigen Version zufrieden bist, dann lies die Geschichte noch einmal in Ruhe durch. Möglicherweise wirst du daraus herausfiltern können, wofür du brennst, welcher Leidenschaft du nachgehen willst, was deine Berufung ist.

Übung: Die drei Kreise
In den Bonus-Tools wirst du eine Vorlage für diese Übung finden. Bitte lade dir diese Vorlage herunter, drucke sie aus und arbeite mit dieser Vorlage. Lass die Schnittmengen der einzelnen Kreise aber vorerst noch frei.

Frage 1:
Was kann ich besonders gut? Was sind meine Talente, meine Fähigkeiten, Begabungen und Interessen?
Schreibe alles, was dir zu dieser Frage einfällt, in das Feld A der Vorlage.

Frage 2:
Was möchte ich machen? Was sind meine Träume? Meine Visionen? Nutze dafür eventuell auch die Beschreibung deines perfekten Tages!
Schreibe alles, was dir zu dieser Frage einfällt, in das Feld B der Vorlage.

Frage 3:
Wofür sind andere Menschen bereit, mir Geld zu zahlen? Welche Werte habe ich? Geld gegen Dienstleistung!
Schreibe alle Antworten, die dir dazu einfallen, in das Feld C der Vorlage.

Nachdem du die Felder A, B und C jetzt ausgefüllt hast, bilden wir die Schnittmenge. Schreibe alle Punkte, die sowohl in den Feldern A, B und C vorkommen, in das Feld 1.
Ist etwas nur im Feld A und B vorhanden, so schreibe es in Feld 3.
Ist etwas nur im Feld B und C vorhanden, so schreibe es in Feld 2.
Ist etwas nur im Feld A und C vorhanden, so schreibe es in Feld 4.

Kommen wir nun zur Bedeutung der einzelnen Felder:

Feld 1 … SUPER!
Was du gut kannst, ist identisch mit dem, was du gerne tun möchtest, und für den Wert dieser Tätigkeit sind andere auch noch bereit, Geld zu bezahlen.

Feld 2 … Verbessere deine Fähigkeiten.
Du hast eine Berufung, für die andere bereit sind, zu bezahlen. Das Problem dabei: Du beherrschst noch nicht, was du gerne tun würdest. Also lerne es, investiere in dich selbst!

Feld 3 … Lerne, deine Talente und Fähigkeiten zu Geld zu machen.
Du musst selbst von deinem Produkt überzeugt sein. Gehe vom Inhalt des Produktes weg, beschreibe stattdessen, was am Ende dabei herauskommt, welches Problem bestmöglich gelöst wird.

Feld 4 … Lerne Nein zu sagen.
Du kannst etwas zwar sehr gut und es gibt auch Leute, die bereit sind, dafür zu zahlen, aber es gehört einfach nicht zu den Dingen, die du gerne (mit Liebe) machst.
Also lerne gefälligst „Nein“ zu sagen. Wer gut und authentisch Nein sagen kann, der tut nicht nur sich selbst etwas Gutes, sondern steigt auch im Ansehen bei anderen Menschen.

Diese Übungen sollten dir dabei helfen, deine Leidenschaft zu finden. So kannst du etwas, das du gerne tust, wofür du brennst, zu deiner Berufung machen und möglicherweise sogar gutes Geld damit verdienen.

Ziele richtig entwickeln

Bitte versteh mich hier nicht falsch, aber ich möchte gleich im ersten Satz dieses Abschnittes den Mythos, der sich um die Zielentwicklung in den letzten Jahren oder Jahrzehnten entwickelt hat, ein wenig entmystifizieren. Es hat sich durch viele Publikationen zu diesem Thema der Eindruck verfestigt, dass die Zielentwicklung der Schlüssel zum Erfolg ist. Ich für meinen Teil sehe das aber komplett anders. Ja, Zielentwicklung ist ein Bestandteil, um erfolgreich zu sein, aber nur einer von vielen. Unter anderem wären da noch deine Werte, deine Visionen, deine Leidenschaft und nicht zu vergessen die Ziel-Realisierung.

Der Punkt „ein Ziel zu entwickeln“ steckt also quasi nur mittendrin und ist, wenn du mich fragst, der kleinste von allen. Gehen wir an dieser Stelle alle Punkte noch einmal durch:

- Deine Werte:
  Für mich der absolut wichtigste Punkt. Denn alles, was du tust, muss unbedingt deinen Werten entsprechen. Entwickelst du Visionen oder Ziele, die mit deinen Werten nicht konform gehen, wirst du meiner Meinung nach keinen Erfolg haben können.

- Deine Visionen:
  Gut, dass die Visionen mit den Zielen zusammenhängen sollten, ist eigentlich ganz logisch und meistens automatisch der Fall. Trotzdem ist diese große Vision, die über deinen Zielen steht, ein Stück wichtiger.

- Die Zielentwicklung:
  Sich unrealistische oder zu geringe Ziele zu setzen, ist genau so falsch, wie gar keine Ziele zu haben. Insofern

ist die Zielentwicklung einfach ein wichtiger Planungsprozess. Nicht nur um jedes einzelne Ziel, sondern auch um deine Visionen realisieren zu können.

- Die Ziel-Realisierung:
  Ich kenne Menschen mit den tollsten Ziel-Entwicklungen, die es aber trotzdem nicht geschafft haben, wichtige Ziele zu realisieren. Auch das zeigt, dass die Zielentwicklung für sich genommen keine besonders hohe Wichtigkeit besitzt. Den Weg zum Ziel zu kennen und den Weg zum Ziel auch tatsächlich zu beschreiten, sind zwei unterschiedliche Dinge!

Nichtsdestotrotz ist es wichtig, bei der Zielentwicklung ein paar Dinge zu beachten. Eine gute Zielentwicklung hilft dir sehr wohl, den Weg zum Ziel leichter und komfortabler zu gestalten. Diese wichtigen Punkte und Details der Zielentwicklung möchte ich jetzt mit dir durchgehen:

Wichtige Punkte für die Zieldefinition
Die Smart-Regel (spezifisch, messbar, attraktiv, realistisch und terminiert) reicht mir nicht aus. Ich möchte mit ein paar anderen wichtigen Punkten beginnen. Zunächst einmal mit der genauen Beschreibung des Zieles:

- Beginne jeden Satz mit „Ich …".
- Beschreibe dein Ziel in der Gegenwart, so als hättest du es schon erreicht (Ich habe bis zum 31.12.2014 nur noch 80 kg).
- Formuliere das Ziel positiv (anstatt „ich möchte mit dem Rauchen aufhören", „ich bin Nicht-Raucher").
- Beschreibe dein Ziel so klar und detailliert wie möglich.

Was ist deine Motivation, dieses Ziel erreichen zu wollen?

Hier gilt es vor allem, folgende Dinge zu definieren:

- Was treibt mich an?
- Was macht dieses Ziel zu einem magnetischen Ziel, das mich mit voller Kraft anzieht?
- Warum will ich dieses Ziel erreichen?

Wer das **WARUM** kennt, erträgt jedes **WIE**!

Überprüfe dein Ziel

Jedes Ziel braucht natürlich auch Überprüfungs-kriterien. Daher solltest du dein Ziel anhand der folgenden Fragen überprüfen:

- Ist das Ziel messbar?
- Ist das Ziel realistisch?
- Ist das Ziel terminiert?

Die Messbarkeit eines Zieles ist wichtig, um es überprüfen zu können. So könnte mein Ziel lauten: „Ich möchte besser werden." Okay, aber das ist ein Ziel, das nicht objektiv überprüfbar ist. Du kannst aber sagen: „Ich möchte im Mai drei Verträge mehr abschließen als im April", dann wäre das Ziel überprüfbar.

Dass dein Ziel realistisch sein sollte, ist auch ein Kriterium, das du unbedingt beachten solltest. Die Zielerreichung sollte eine Herausforderung darstellen, aber sie muss eben auch realistisch sein.

Natürlich muss dein Ziel auch terminiert sein, also eine Deadline haben. Einfach ein Datum, wann dieses Ziel realisiert sein soll. Wichtig dabei sind zwei Dinge:

- Bei großen Zielen, bei denen die Deadline weit entfernt ist, musst du dir unbedingt Zwischenziele und somit auch Zwischen-Deadlines setzen.
- Eine Deadline muss realistisch, aber auch ambitioniert sein. Du kennst ja vielleicht das Parkinsonsche Gesetz

(„Arbeit dehnt sich in dem Maße aus, in dem Zeit für die Erledigung zur Verfügung steht). Also setz dir enge, aber realistische Deadlines!

Identifiziere Hindernisse

Wir haben nun die wichtigsten Punkte für die Zieldefinition, die Motivation hinter dem Ziel und das Ziel selbst genauer unter die Lupe genommen und überprüft. Nun gilt es jedoch, mögliche Hindernisse zu identifizieren. Bei der Identifizierung von Hindernissen ist Folgendes zu beachten:

- Warum bist du noch nicht am Ziel? Es muss ja Gründe geben, warum du dein Ziel noch nicht erreicht hast. Diese Gründe sind vermutlich auch mögliche Hindernisse.
- Interne Hindernisse: 80 % der Gründe, warum du dein Ziel noch nicht erreicht hast, liegen bei dir selbst. Nur 20 % der Gründe liegen außerhalb deines Einflussbereiches. Also starte zunächst einmal mit dir selbst. Gehe in dich und ergründe, wo Probleme liegen könnten.
- Externe Hindernisse: Natürlich gilt es auch zu überlegen, wo Probleme auftreten können, die nicht in deinem Einflussbereich liegen. Erkennst du sie frühzeitig, kannst du möglicherweise darauf reagieren und Alternativstrategien vorbereiten.

Prinzipiell solltest du Hindernisse nicht unbedingt als etwas Negatives sehen. Sieh Hindernisse lieber als eine Herausforderung, die du lösen musst.

Was kostet es mich, dieses Ziel zu erreichen?

Was muss ich entbehren? Worauf muss ich verzichten? Jedes Ziel hat auch seinen Preis. Ganz egal, ob das nun Schweiß, Geld, Arbeit oder Verzicht auf Dinge, die Spaß machen, ist: Identifiziere einfach, worauf du verzichten musst, und überlege dir, ob dir das gewählte Ziel diesen Preis wert ist.

Identifiziere Personen, die dir bei der Ziel-Erreichung helfen können
Es ist nicht immer notwendig, ein Einzelkämpfer zu sein. Oftmals gibt es viele Menschen in deinem Umfeld, die dir bei der Umsetzung bzw. Erreichung eines Zieles helfen können. Suche nach Personen in deinem Umfeld, die dich dabei unterstützen, anspornen oder eventuell sogar mit dir gemeinsam am selben Ziel arbeiten wollen. Das können Familienmitglieder, Freunde, Kollegen, Trainer, Coaches usw. sein.

Möglicherweise musst du für die Erreichung des Zieles auch mit Personen kooperieren. Das könnten zum Beispiel Arbeitskollegen, Chefs, Mitarbeiter und externes Personal sein. Erstelle einfach eine Liste mit all diesen Personen, die für das spezifische Ziel als Hilfeleister infrage kommen.

Hast du die Liste erstellt, dann hinterfrage jede Person auf der Liste: Kann oder will sie mir wirklich helfen? Falls ja, notiere auch, inwiefern sie dir helfen kann. Weiter kannst du auf dieser Liste auch gleich vermerken, welche Aufgaben du der entsprechenden Person zuteilen willst.

Identifiziere Dinge, die du noch brauchst
Es müssen nicht nur Personen sein, die dir bei der Erreichung eines Zieles hilfreich sein können. Es gibt auch noch einige andere Möglichkeiten:

- Wissen
- Fähigkeiten
- Informationen
- Gegenstände
- Geld
- Tools
- Produkte
- ...

Erstelle auch eine Liste mit diesen und ähnlichen Dingen, die bei der Zielerreichung hilfreich sein können.

Mach aus deinem Ziel einen Plan
Der letzte Punkt der Zielentwicklung ist die Erstellung eines genauen Ablaufplanes. Liste jeden Schritt auf, den du gehen musst, um dein Ziel zu erreichen. Mach dafür einfach mal ein Brainstorming und schreibe alles auf, was dir in den Sinn kommt. Hast du das einmal erledigt, kannst du die einzelnen Schritte nach ihrer zeitlichen Abfolge sortieren.
Eine weitere Alternative zur zeitlichen Abfolge ist die Sortierung nach Prioritäten.

Ziele realisieren

Das beste Ziel nutzt absolut gar nichts, wenn du es nicht realisierst. Viele Menschen haben große Ziele, aber ein Großteil davon scheitert schon an der Realisierung kleiner Ziele. Das kann mehrere Ursachen haben, die zum großen Teil in der Individualität des jeweiligen Menschen zu suchen sind. Aus meiner Arbeit als Sport-Mentaltrainer kenne ich dieses Problem nur zu gut.
Ich will mich hier aber gar nicht lange mit der Ursachenforschung beschäftigen, sondern dir viel mehr Tipps und Tricks an die Hand geben, wie du deinen Weg zum Ziel erfolgreich meistern kannst.

Entwickle Selbstdisziplin
Einer der wichtigsten Punkte auf dem Weg zum Ziel ist Selbstdisziplin. Einige Menschen haben von Natur aus ein hohes Maß an Selbstdisziplin, andere dafür wieder eher weniger. Fakt ist aber, dass du dir Selbstdisziplin erarbeiten kannst. Dazu musst du aber zumindest die Bereitschaft aufbringen, deine Selbstdisziplin entwickeln zu wollen. Ich möchte fast sagen, dass das einer der wichtigsten Punkte der Zielsetzungsphase ist.
Du kannst alle in diesem Kapitel vorgestellten Punkte vergessen, wenn du nicht mit großer Selbstdisziplin ans Werk gehst. Daher möchte ich dir in den kommenden Zeilen ein paar Dinge mit auf den Weg mitgeben, die dir dabei helfen, Selbstdisziplin zu entwickeln.

Sehen wir uns daher einmal an, warum viele Menschen schon zu Beginn des Weges in Richtung Ziel aufgeben. Gerade die ersten Schritte auf dem Weg zum Ziel sind die wichtigsten. Und gerade hier passieren auch die meisten und größten Fehler. Ich vergleiche das immer mit einem 100-m-Sprinter.
Der Sprinter beginnt beim Start mit kurzen Schritten, um beschleunigen zu können. Erst nach zehn oder 20 m der

Strecke reizen sie ihre Schrittlänge voll aus. Sie beginnen also mit ganz kleinen Schritten, die immer größer und größer werden, bis sie schließlich ihre maximale Schrittlänge erreicht haben.

Bei der Zielerreichung machen das viele Menschen aber genau umgekehrt. Sie wollen gleich mit Riesenschritten beginnen, verhindern so aber, dass sie richtig in die Gänge kommen, und geben bald auf! Um auf das Beispiel unseres Sprinters zurückzukommen, würde der mit Riesenschritten beginnen, hätte das vermutlich eine Verletzung zur Folge oder zumindest einen Riesenrückstand auf jene Sprinter, die mit kleinen Schritten beginnen und so eine optimale Beschleunigung haben.

Warum starten wir bei der Zielerreichung aber mit Riesenschritten? Das liegt daran, dass wir zu Beginn einer Tätigkeit immer hoch motiviert sind und so oft in blinden Aktionismus abgleiten. Auch hier möchte ich dir wieder ein Beispiel aus dem Sport-Mentaltraining bringen. Ich sollte einer guten Bekannten dabei helfen, endlich erfolgreich abzunehmen und mehr Sport zu machen. Sie hatte schon mehrere Versuche diesbezüglich hinter sich.

Als einen der ersten Schritte begannen wir einmal damit zu analysieren, warum alle vorherigen Versuche scheiterten. Sehr schnell wurde klar, dass sie vollkommen falsch an die Sache heranging. Sie stellte jedes Mal ihre Ernährung radikal um und begann sofort mit über einer Stunde Sport. Mit dem Erfolg, dass sie meist nach wenigen Tagen schon wieder kapitulierte. Sie machte also Riesenschritte, statt mit kleinen zu beginnen.

Anstatt die Ernährung radikal umzustellen, begannen wir also Schritt für Schritt schädliche Elemente ihrer Ernährung auszusortieren und durch gesündere zu ersetzen. Wir haben nicht gleich die komplette Ernährung umgestellt, sondern uns

einen Plan zurechtgelegt, der über sechs Monate ging. Selbiges taten wir bei der Sportausübung. Anstatt eine Stunde im Fitnesscenter zu trainieren, sollte sie zunächst einmal jeden Tag 30 Minuten spazieren gehen. Aus dem Spazieren gehen wurde dann langsames Jogging, daraus entwickelte sich dann ein schnelleres Tempo und einen längeren Zeitraum.
Du siehst also hoffentlich, was ich meine: Mit kleinen Schritten beginnen und auf dem Weg zum Ziel immer größere Schritte machen.

Installiere neue, für das Ziel förderliche Gewohnheiten
Wenn du versuchst, neue Ziele zu realisieren, wirst du in der Regel nicht darum herumkommen, auch deine Gewohnheiten zu ändern. Hier werde ich von Klienten immer wieder gefragt: „Wer sagt denn, dass die Gewohnheiten, die ich bis jetzt hatte, schlecht sind?“ Ich antworte dann immer mit einer Gegenfrage: „Wenn deine Gewohnheiten so gut sind, warum bist du dann eigentlich noch nicht am Ziel angelangt?“ Nach einer kurzen Nachdenkpause stimmen die meisten Klienten meiner Forderung nach neuen Gewohnheiten zu.

In der Regel wirst du also schlechte Gewohnheiten durch förderliche Gewohnheiten ersetzen müssen. Welche das sind, liegt natürlich sehr an deinem Ziel, das du erreichen willst. Überlege dir einfach, was dich bisher daran gehindert hat, dein Ziel zu erreichen, und im zweiten Schritt, was dir dabei helfen könnte, dein Ziel schneller zu erreichen. Wenn du diese beiden Fragen genauer analysierst, wirst du sehr schnell die hinderlichen Gewohnheiten identifizieren und förderliche entwickeln können.
Mit dem Thema Gewohnheiten beschäftigen wir uns in diesem Buch allerdings noch ausführlicher im Kapitel „Mentale Stärke“.

Konzentriere dich voll auf die Aufgabe
Oftmals passiert es, dass man sein Ziel aus den Augen verliert. Das passiert meist dann, wenn man die Konzentration auf die

Aufgabe vernachlässigt. Beschäftige dich daher täglich mit deinen Zielen und überprüfe regelmäßig, was zu tun ist, um diese Ziele zu erreichen.

Vermeide Unterbrechungen

Dazu gehört es auch, Unterbrechungen zu vermeiden. Gerade bei der Installation neuer Gewohnheiten sind Unterbrechungen etwas Furchtbares. Ebenso verhält es sich natürlich mit Zielen. Du solltest nie aufhören an einem Ziel zu arbeiten, solange du es nicht erreicht hast. In 95 % aller Fälle bedeutet eine Unterbrechung gleichzeitig eine Nichterreichung des Zieles.

Visualisiere dein Ziel

Um die Motivation hochzuhalten, solltest du unbedingt darauf achten, dein Ziel regelmäßig zu visualisieren. Du kannst dich doch bestimmt noch an die Metapher mit dem Sprinter erinnern. Die maximale Schrittlänge erreicht er nur, wenn er hoch motiviert ans Werk geht. Ebenso ist es mit der Zielerreichung. Nur wenn du motiviert ans Werk gehst, wirst du die Schlagzahl auch bis zum Ende halten können.

Dazu gehören zwei wichtige Schritte:

- Entwickle klare, spannende und emotionale Bilder deiner Ziele. Wichtig ist, dass dich deine Bilder emotional berühren. Es muss dir förmlich die Gänsehaut aufsteigen, wenn du diese Bilder in deinem Kopf abspielst.
- Sieh deine Ziele so, als wären sie bereits Realität. Ist es eine Eigentumswohnung, stell dir vor, wie du darin wohnst. Ist es ein Waschbrettbauch, dann stell dir vor, diesen Waschbrettbauch schon zu haben und im Spiegel zu beobachten.

Ein mentales Bild kombiniert mit Emotionen hat eine mächtige Auswirkung auf deine Motivation, das Ziel zu erreichen.

Durch Visualisierung wirst du dein Ziel wesentlich schneller erreichen, als du es für möglich hältst!
Allerdings ist es nötig, die Visualisierung eines Zieles so oft wie möglich durchzuführen. Ich helfe mir dabei mit Trigger-Punkten:

- Nach dem Aufstehen oder vor dem Schlafengehen.
- Vor jeder Mahlzeit.
- Während des Fitnesstrainings.
- Nach dem Training, in der Sauna oder im Dampfbad.

Du siehst, es gibt viele Möglichkeiten eine Visualisierung in den Tagesablauf zu integrieren. Finde einfach Zeitpunkte, die für dich passend sind und an denen du dich automatisch daran erinnerst.

Neben der Visualisierung gibt es aber noch weitere Möglichkeiten, deine Motivation hochzuhalten:

- Finde einen Leitsatz für dein Ziel und bringe diesen an Orten an, die regelmäßig von dir aufgesucht werden (Kühlschranktür, Bildschirm, Toilette, Eingangstür …).
- Schmücke deine Umgebung mit Fotos deiner Ziele. Willst du eine Eigentumswohnung, dann hänge Bilder deiner Traumwohnung in deinem Büro auf.
- Suche dir Unterstützer, die dich regelmäßig auf dein Ziel aufmerksam machen und dich dabei unterstützen, dieses Ziel zu erreichen.

Reflektiere regelmäßig
Vereinbare mit dir selbst auch immer wieder Termine, an denen du deine Fortschritte reflektierst. Was habe ich schon erreicht? Was muss ich noch erledigen, um das Ziel zu erreichen? Welches sind meine nächsten Schritte, die ich setzen muss?

Ich habe einen fixen Zeitpunkt am Wochenende (sonntagmorgens), an dem ich jedes einzelne Ziel analysiere und reflektiere. So habe ich immer einen Überblick, an welchem Punkt des Weges in Richtung Ziel ich mich befinde. Außerdem kann ich überprüfen, ob ich überhaupt noch am richtigen Weg bin oder möglicherweise irgendwo falsch abgebogen bin.

Du kennst nun deine Werte, deine Visionen, deine Leidenschaft! Daraus kannst du nun Ziele definieren und mithilfe dieses Kapitels diese Ziele nicht nur richtig entwickeln, sondern auch tatsächlich realisieren.

Deine Bucketlist

Kinder schreiben Wunschlisten an das Christkind oder den Weihnachtsmann, Erwachsene schreiben eine Bucketlist. Im Prinzip ist das nichts anderes als eine Liste mit Dingen, die du erleben willst, bevor du das Zeitliche segnest.

Warum du eine Bucketlist brauchst
Eine Bucketlist ist einfach ein riesen Motivationsfaktor. Es erinnert dich an das WARUM! Warum bin ich eigentlich auf der Welt? Eine Bucketlist soll dich dazu motivieren, ein geiles Leben zu führen.
Mache das, was du wirklich willst! Erfülle dir deine Lebensträume. Und genau diese Lebensträume sind jene Punkte, die auf der Bucketlist verzeichnet sein sollen.
Leider Gottes verlieren wir sehr oft unsere langfristigen, wirklich wichtigen Ziele aus den Augen. Der Alltagstrott hat uns fest im Griff und wir kommen oft gar nicht dazu nachzudenken, was wir wirklich wollen. Die Bucketlist soll dabei Abhilfe schaffen.

Sammle Erlebnisse und keine Dinge! Zumindest größtenteils sollten auf dieser Bucketlist Erlebnisse stehen. Der Grund hierfür ist ganz einfach, an Erlebnissen erfreust du dich ein Leben lang, materielle Dinge bringen immer nur sehr kurz Freude in unser Leben.

Jeder dieser Punkte auf deiner Bucketlist soll einmal eine eigene Geschichte werden. Stell dir einfach vor, dass dein Leben in Kürze zu Ende gehen wird. Von welchen Dingen willst du dann reden? Von dem Ausflug in den Krüger Nationalpark, wo du einem Löwen Auge in Auge gegenübergestanden hast? Von dem Blick auf die Niagarafälle, der einfach nur hervorragend war? Oder doch lieber von etwas Materiellem?
Ich denke, es sind die Erlebnisse, auf die es im Leben ankommt.

Vielleicht solltest du dir bei der Erstellung dieser Bucketlist folgende Frage stellen: „Bevor ich sterbe, möchte ich …“

Ich denke, du weißt nun, worauf ich hinauswill, also machen wir uns daran, so eine Bucketlist zu erstellen.

So organisierst du deine Bucketlist
Es gibt mehrere Möglichkeiten, deine Bucketlist zu organisieren. Du kannst die Wünsche einfach wild durcheinanderschreiben, so wie ich das mache. Wenn ich irgendwo etwas finde, das ich erleben will, dann schreibe ich das in meine Bucketlist.
Ich gehe dabei völlig unstrukturiert vor und schreibe einfach einen Wunsch nach dem anderen.

Es besteht aber auch die Möglichkeit, deine Bucketlist nach Zielen zu organisieren:

- Reise-Ziele
- Erlebnis-Ziele
- Berufliche Ziele
- Persönliche Ziele
- Finanzielle Ziele

Es besteht aber auch die Möglichkeit, die Liste nach Schwerpunkten zu organisieren:

- Sport und Fitness (Marathon laufen, Sixpack antrainieren).
- Sprachen und Kulturen, die du kennenlernen willst (Spanisch lernen, Hallo in 50 Sprachen sagen).
- Musik, singen, Tanz (Gitarre lernen, Walzer tanzen lernen).
- Abenteuer (Fallschirmsprung, Mount Everest erklimmen, Whale Watching).
- Veranstaltungen (Champions-League-Finale, Weltmeisterschafts-Finale, Oktoberfest, Karneval in Rio).

- Naturwunder (Pyramiden in Ägypten, Great Barrier Reef, Fjorde in Norwegen).
- Orte (Eiffelturm, alle sieben Kontinente besuchen, sechs Monate in einem fremden Land leben).
- Museum (Louvre, Kunsthistorisches Museum Wien).
- Hobbys (Poker-WSOP mitspielen, surfen).
- Bücher (schreiben, lesen).
- Filme (sehen, mitspielen).
- Persönlichkeitsentwicklung (Minimalismus).
- Menschen treffen (Tim Ferris, Richard Branson, Warren Buffet).
- Wohltätigkeit (in einem Tierheim aushelfen, Obdachlose betreuen, Wohltätigkeitsstiftung gründen).
- Schreiben (Bücher, Blogs, Zeitungsartikel).
- Auftritte (Vorträge, Theater mitspielen).
- High Society (eine Jacht besitzen, einen Jet besitzen, ein Fußballteam besitzen).
- Finanziell (passives Einkommen von 10.000 €, zehn Eigentumswohnungen besitzen).
- Familie (heiraten, Kinder bekommen).
- Spirituell (Dalai Lama treffen, Tibet besuchen, in einem Kloster leben).
- Urlaub (auf einer einsamen Insel, in einem Luxusressort).

So weit also ein paar Möglichkeiten, wie du deine Wunschliste strukturieren kannst, inklusive einiger Beispiele.

Wichtige Punkte
So eine Bucketlist ist etwas Dynamisches. Wünsche ändern sich! Alte fallen weg, ohne realisiert worden zu sein, manche werden realisiert, neue Wünsche kommen hinzu. Werde nicht zum Sklaven deiner Liste, sondern nimm dir dabei alle Freiheiten.
Außerdem solltest du deine Wunschliste immer im Blick behalten. Das bedeutet, dass du zumindest einmal monatlich

drüberschauen solltest. In deiner Jahresplanung solltest du dann festlegen, welche Wünsche du im kommenden Jahr realisieren willst.
Achte auch darauf, dass es sich bei den Wünschen auf dieser Liste um deine Wünsche handelt und nicht um die Wünsche anderer. Erstelle deine eigene Liste!

Und jetzt viel Spaß beim Erstellen deiner Bucketlist!

Arbeitsaufgaben

Aufgabe 1:
Finde deine Werte! Drucke dir dazu die Liste mit den 400 Werten sowie die Vorlage für die Erstellung deiner Werte aus (du findest sie in den Bonus-Tools). Halte dich dann bitte genau an die Reihenfolge:

1. Nimm dir nun bewusst Zeit für diese Übung. Wenn du im Moment nicht die nötige Ruhe hast, dann verschiebe diese Übung auf einen späteren Zeitpunkt. Suche einen Lieblingsort auf, setz sich in dein Lieblingscafé, aber versuche unbedingt in einem entspannten und ausgeruhten Zustand zu sein. Nimm dir für diese Übung 20-30 Minuten Zeit.
2. Gehe nun die Liste mit den 400 Werten durch, und schreibe in jeder der Kategorien (Privat, Beruf, Finanzen, Gesundheit und Fitness, Karitatives, Spirituelles) jene Werte, die dir wichtig erscheinen, auf. Es ist ganz egal, ob du pro Kategorie nur fünf oder über 20 Werte auswählst. Schreibe einfach jeden Wert, der dir in der entsprechenden Kategorie wichtig ist, in die entsprechende Spalte.
3. Gehe nun Spalte für Spalte durch und markiere jene fünf Werte, die für dich am wichtigsten sind.
4. Nimm dir nun jeden dieser fünf Werte pro Spalte genauer vor. Überlege, welcher Wert wichtiger ist als der andere. Erstelle so eine Hierarchie vom Erstwichtigsten bis zum Fünftwichtigsten.
5. Kontrolle: Beobachte dein derzeitiges Verhalten! Stimmt es mit deinen Werten, die du hier erarbeitet hast, überein?

Hänge die Liste mit deinen Werten nun gut sichtbar in deiner Wohnung oder deinem Büro auf. Verinnerliche diese Werte und handle ihnen nicht mehr zuwider.

Aufgabe 2:
Finde deine Vision! Stelle dir dazu folgende Fragen:

- Was will ich erreichen?
- Wofür will ich einmal in Erinnerung bleiben?
- Was soll mein Vermächtnis sein?
- Was mache ich besonders gerne?

Aufgabe 3:
Finde deine Vision! Mache die Übung „dein 80. Geburtstag" und schreibe die Festreden, die folgende Personen über dich halten werden:

- ein Familienmitglied,
- ein guter Freund oder eine gute Freundin,
- ein Arbeitskollege oder eine Arbeitskollegin,
- ein Vertreter der Stadt oder Gemeinde, in der du deinen Lebensmittelpunkt hast.

Aufgabe 4:
Finde deine Vision! Ergänze folgende Sätze:

- Meine Herzenswünsche - also Sachen, die ich unbedingt erreichen, erleben oder haben will, sind:
- Wenn Geld und Zeit keine Rolle spielen würden, würde ich mir vornehmen:
- Was ich wirklich bereuen würde, wenn ich es nicht tun würde, wäre:
- Sachen, die mir schon beim Tun selbst Freude machen und mich beglücken, sind:
- Wovon ich schon als Kind träumte, war:
- Welche konkreten Ziele kann ich aus der Beantwortung der vorhergegangenen Sätze ableiten:

Aufgabe 5:
Finde deine Leidenschaft! Beschreibe deinen perfekten Tag: Wie soll er ablaufen? Was tust du von früh bis spät?

Aufgabe 6:
Mache die Übung „Die drei Kreise“, wie sie im Abschnitt „Finde deine Leidenschaft“ beschrieben ist. Die Vorlage dazu findest du in den Bonus-Tools.

Aufgabe 7:
Entwickle deine Ziele!
Erstelle eine genaue Beschreibung deines Zieles:

- Beginne jeden Satz mit „Ich …“.
- Beschreibe dein Ziel in der Gegenwart, so als hättest du es schon erreicht (Ich habe bis zum 31.12.2014 nur noch 80 kg).
- Formuliere das Ziel positiv (anstatt „ich möchte mit dem Rauchen aufhören“, „ich bin Nicht-Raucher“).
- Beschreibe dein Ziel so klar und detailliert wie möglich.

Entdecke die Motivation hinter deinen Zielen:

- Was treibt mich an?
- Was macht dieses Ziel zu einem magnetischen Ziel, das mich mit voller Kraft anzieht?
- Warum will ich dieses Ziel erreichen?

Überprüfe dein Ziel:

- Ist das Ziel messbar?
- Ist das Ziel realistisch?
- Ist das Ziel terminiert?

- Identifiziere Hindernisse:
- Warum bin ich noch nicht am Ziel?
- Was sind interne Hindernisse?
- Was sind externe Hindernisse?

Weitere wichtige Punkte:

- Was kostet es mich, das Ziel zu erreichen? Was muss ich entbehren? Worauf muss ich verzichten?
- Welche Personen können mir bei der Erreichung

meines Zieles helfen?

- Welche Dinge werde ich noch benötigen (Informationen, Wissen, ...)?

Mach aus deinem Ziel einen Plan:

- Erstelle eine Liste der nächsten Schritte.
- Sortiere diese Schritte nach zeitlicher Abfolge oder nach Prioritäten.

Aufgabe 8:
Erstelle deine Bucketlist.

Ändere dein Umfeld

Du bist der Durchschnitt jener fünf Menschen, mit denen du dich am meisten umgibst

Dein Umfeld beeinflusst dich weit mehr, als du denkst oder zu denken wagst. Ich werde dir in diesem Kapitel beweisen, dass die Tatsache, die der amerikanische Philosoph Phil Rohn so treffend in einem Satz formuliert hat, tatsächlich zutrifft:

Du bist der Durchschnitt von den fünf Menschen, mit denen du dich am meisten umgibst.

Ich gebe es zu, als ich dieses Zitat das erste Mal gelesen habe, konnte ich dem nicht im Entferntesten etwas abgewinnen. Mein Gedankenansatz damals war, dass dieses Zitat bei Kindern sicherlich seine Berechtigung hat, denn die werden ja noch geprägt und geformt, aber bei Erwachsenen?

Nun, ich wurde eines Besseren belehrt und ich möchte dir den Test, der mich bekehrte, nicht vorenthalten. Wenn du diesen Test wirklich ernst nimmst, wirst du von seiner Wirkung möglicherweise sehr erschrocken sein!

Der Test
Schreibe jetzt völlig unvoreingenommen fünf bis acht Namen auf ein leeres Blatt Papier. Dabei kann es sich um Namen von Freunden, Verwandten, Bekannten oder Kollegen handeln, mit denen du dich die meiste Zeit deines Lebens umgibst.

Unterbrich jetzt hier und beginne diese fünf Namen aufzuschreiben.

Fertig? Ausgezeichnet! Dann nimm dir diese Liste jetzt zur Hand und erledige folgende Aufgaben:

1. Schätze oder erfrage das Gewicht dieser Personen. Addiere das Gewicht aller Personen und dividiere es durch fünf.
2. Erfrage oder schätze den Verdienst dieser Personen. Addiere auch diesen und dividiere ihn durch fünf.
3. Schätze oder erfrage an wie vielen Tagen in der Woche diese Personen Sport betreiben. Addiere die Tage und dividiere sie durch fünf.
4. Schätze oder erfrage an wie vielen Tagen in der Woche diese Personen Alkohol trinken. Addiere wieder und dividiere durch fünf.
5. Schätze oder erfrage, wie viel Geld diese Personen für Kleidung ausgeben. Addiere wieder und dividiere durch fünf.

Überprüfe die Ergebnisse mit deinen Zahlen. Vermutlich wirst du bei einem Großteil der Fragen mit deinen eigenen Werten sehr nah an diesem Durchschnitt liegen.

Einige meiner Klienten haben diese Fragen an jene fünf Personen geschickt, mit denen sie sich am meisten umgeben. Die Ergebnisse waren fast erschreckend nahe an den eigenen Zahlen.

Natürlich gilt das nicht nur für Dinge, die du messen kannst. Hier ein paar weitere Beispiele:

- Du bist so entspannt/gestresst, wie der Durchschnitt jener fünf Menschen, mit denen du dich umgibst.
- Du hast ungefähr dieselben Hobbys, wie der Durchschnitt jener fünf Menschen, mit denen du dich umgibst.
- Du hast ca. die gleichen Werte, wie der Durchschnitt jener fünf Menschen, mit denen du dich umgibst.

- Du kleidest dich ca. so, wie der Durchschnitt jener fünf Menschen, mit denen du dich umgibst.

Die Beispiele ließen sich hier endlos fortsetzen.

Nun, wie sehen deine Ergebnisse aus? Bist du bei einem Großteil der Fragen nahe am Durchschnitt? In der Regel ist das der Fall.

Jetzt bitte ich dich, dir die Namen auf deiner Liste noch einmal anzusehen. Willst du tatsächlich so sein wie diese fünf Menschen?
Stell dir die Zukunft dieser fünf Menschen auf deiner Liste einmal bildlich vor. Schließ die Augen und male dir die Zukunft dieser fünf Personen aus. Hast du es?
Gut, denn so, oder zumindest so ähnlich, wird auch deine Zukunft aussehen!
Lässt dich dieser Gedanke aufschreien? Bist du jetzt schockiert?

Sei ehrlich zu dir selbst und versuche dich in dieser Frage nicht zu belügen, denn damit belügst du niemanden anderen als dich selbst. Ich weiß aus eigener Erfahrung, dass dir jetzt natürlich Hunderte Gründe einfallen werden, die diese Freundschaften trotzdem rechtfertigen.

Aber lies einfach so unvoreingenommen wie möglich dieses Kapitel fertig!

Du bist für dein Leben selbst verantwortlich!
Dazu gehört natürlich auch, dass du für dein Umfeld selbst verantwortlich bist. Du kannst frei entscheiden, mit wem du dich umgibst, mit welchen Freunden, Bekannten, Verwandten oder Kollegen du wie viel deiner Zeit verbringst.
Unser Umfeld formt unser Wertesystem! Oder exakter ausgedrückt:

DEIN Umfeld formt DEIN Wertesystem.

Dein Umfeld kann dich antreiben und fördern, es kann dich aber auch zurückhalten und an der Realisierung deiner Ideen und Träume hindern.

Klingt ziemlich einfach, oder? Ist es in der Regel auch. Die ganze Sache hat aber einen Haken: Wenn du zum Entschluss kommst, dass dein Umfeld dich an der Realisierung deiner Träume hindert, musst du dir ein neues Umfeld, neue Menschen suchen, mit denen du dich zukünftig umgeben willst.

Das bedeutet natürlich auch, dass du den Kontakt zu deinem jetzigen Umfeld abbrechen oder minimieren musst. Und dieser Akt stellt einen ungeheuren Kraftaufwand dar, vor allem mental. Es bedeutet nämlich, dass du dein gewohntes Gebiet, deine Komfortzone verlassen musst, um neue Freunde zu finden. Und das tut der Mensch nun mal nicht wirklich gerne.

Nehmen wir ein paar Ziele her, die du so haben könntest:

- Du willst mit dem Rauchen aufhören.
- Du willst fitter und sportlicher werden.
- Du willst mehr Geld verdienen.

So weit, so gut. Aber wenn du das wirklich willst, wirst du entweder extreme Willensstärke oder ein neues Umfeld brauchen, wenn:

- Der Großteil der Menschen, mit denen du dich umgibst, raucht.
- Du nur mit Couch-Potatoes herumhängst.
- Alle dieser Personen gleich viel oder weniger als du verdienen.

Ich weiß schon, diese Beispiele mögen ein wenig banal sein, aber sie verdeutlichen doch recht gut, was ich damit meine.

Du wirst also immer wieder in den Sog des Durchschnitts gezogen, ob du willst oder nicht. Und solltest du wirklich mit dem Rauchen aufhören wollen, wirst du eine enorme Willenskraft brauchen, um diesem Sog des Durchschnittes zu entkommen!

Ein perfektes Beispiel
Ich möchte dir ein Beispiel erzählen, um dir zu verdeutlichen, dass dein Umfeld extrem auf dich abfärbt.
Als Sport-Mentaltrainer bekam ich den Auftrag, mich um einen jungen Fußballer zu kümmern, dem von allen ein riesen Potenzial bescheinigt wurde. Das Problem an der Sache: Er war viel zu undiszipliniert und konnte sein Potenzial in den Spielen viel zu selten umsetzen.

Ich begann also mit ihm zu arbeiten, jedoch machten wir zu Beginn kaum Fortschritte. Egal, was wir versuchten und was er sich vornahm, er fiel nach kurzer Zeit immer wieder in alte Muster zurück.

Bis ich mit ihm gemeinsam sein Umfeld unter die Lupe nahm. Unter den fünf Menschen, mit denen er sich am meisten aufhielt, waren ein Schulverweigerer, drei Arbeitssuchende, Alkohol floss bei dreien davon in Mengen und vier der fünf waren Raucher.

Gemessen an seinem Umfeld war er also ohnehin schon weit besser als der Durchschnitt dieser fünf Menschen, mit denen er sich umgab. Trotzdem hinderte es ihn daran, sportlich erfolgreich zu sein und sein großes Ziel Bundesliga-Spieler zu werden, zu erreichen.

Wir mussten also dafür sorgen, dass er raus aus diesem Umfeld kam. Denn eines war klar, dieses Umfeld war für seine Träume und Ziele hinderlich. Was er brauchte, war ein förderliches Umfeld.

Zum Glück hatte er einen sehr engagierten Trainer in seinem Stammverein und so gelang es uns gemeinsam diesen Spieler in einer Akademie in einem anderen Bundesland unterzubringen. Er wechselte also von einem hinderlichen in ein förderliches Umfeld.

Er lebte jetzt mit lauter motivierten und engagierten Kollegen in einem Internat, war top betreut und wurde von allen Ecken und Enden bei der Erreichung seiner Ziele und Träume unterstützt. Vor allem natürlich, weil seine Kollegen dieselben Ziele und Träume hatten und auch die Trainer und Betreuer alles taten, um ihn als Fußballer weiter zu entwickeln und ihn bei der Erreichung seines Traumes zu unterstützen.

Was passierte? Du wirst es wohl schon ahnen. Die Undisziplinierheiten hörten fast schlagartig auf, er ordnete sich unter und nahm die Förderungen seiner Trainer an. Als ich die Umsetzung dieses Buches plante, spielte er das erste Mal für das Amateurteam dieses Bundesligavereines, und wenn er so weitermacht, wird er in den nächsten ein bis zwei Jahren den Sprung in das Bundesliga-Team schaffen.

Nimm dich selbst als Beispiel
Lass dein Leben einmal Revue passieren. Vielleicht hattest du ja auch Umzüge, Arbeitsplatzwechsel, Schulwechsel oder Ähnliches. Plötzlich warst du in neuem Fahrwasser, hattest neue Freunde und damit hat sich vermutlich auch dein Verhalten geändert.

Vielleicht konntest du das auch an einem Menschen in deinem Umfeld feststellen, der den Job gewechselt hat.
Durch das neue Umfeld beginnst du dich auch selbst zu ändern. Natürlich bekommt man das in den seltensten Fällen mit. Oftmals merken das aber andere Menschen in deinem Umfeld und sprechen dich möglicherweise darauf an.

Dieses neue Umfeld kann förderlich sein, es kann aber

natürlich auch bremsend für deine Entwicklung sein. Daher werden wir uns im nächsten Abschnitt damit beschäftigen, wie du Menschen erkennst, die dich fördern und unterstützen (Energiespender). Wir werden aber auch diejenigen Personen herausfiltern, die dich an der Erreichung deiner Träume und Ziele hindern (Energiesauger).

Denn eines ist klar, willst du deine Ziele wirklich erreichen, dann benötigst du unbedingt Energiespender und kannst mit Sicherheit keine Energiesauger benötigen.

Energiesauger und Energiespender

Wir werden uns nun dein Umfeld etwas genauer ansehen. Und zwar werden wir uns ansehen, ob unter jenen fünf Menschen, mit denen du dich am meisten umgibst, eher Energiespender oder eher Energiesauger sind.

Eines gleich einmal vorweg: Kaum ein Mensch ist nur ein Energiesauger und ebenso sind die wenigsten Menschen nur Energiespender. Ich behaupte jetzt mal, dass dieses Verhältnis unter guten Freunden ausgeglichen sein sollte. Ist es aber in der Regel nicht. Wir werden uns das gleich anhand deiner fünf Personen genauer ansehen. Aber lass uns davor einmal identifizieren, was Energiesauger so tun und wie sich Energiespender verhalten.

Energiesauger

Ich glaube, es ist ziemlich klar, dass du den Umgang mit Energiesaugern einschränken oder ganz abbrechen solltest. Der Grund ist recht einfach: In der Regel belasten dich diese Menschen. Sie hindern dich daran, deine Träume und Ziele zu erreichen. Ich denke nicht, dass es das ist, was du dir unter einem guten Freund oder einem Menschen, den du zu deinen wichtigsten zählst, vorstellst. Menschen, die zu den Energiesaugern zählen, setzen den Fokus auf Stillstand und vermeiden es, sich nicht weiterzuentwickeln. Das wäre ja noch das geringste Übel, das Problem ist aber, dass sie auch von ihrem Umfeld einen Stillstand einfordern. Daher ist der Umgang mit Energiesaugern so schädlich für dich.

Aber lass uns zunächst einmal die Eigenschaften von Energiesaugern unter die Lupe nehmen. Wie erkennst du Energiesauger:

- Sie langweilen dich.
- Sie vermitteln dir schlechte und negative Gefühle.
- Sie belasten dich mit ihren Problemen, wollen deine aber nicht hören oder ignorieren diese schlicht.

- Sie stehlen dir Lebensenergie.
- Wenn du mit diesen Menschen zusammen bist, kommt dir der Gedanke „wann geht er/sie wieder“ relativ oft durch den Kopf.
- Oder du denkst dir „wann habe ich endlich wieder meine Ruhe“.
- Energiesauger beschweren sich ständig über den IST-Zustand, sind aber nicht bereit, an ihrer momentanen Situation etwas zu ändern. Natürlich erfinden sie ständig Ausreden, um den Status quo aufrecht erhalten zu können.
- Sie nehmen nur, geben aber nicht.
- Sie schaffen es, dich bei jedem Aufeinandertreffen zu demotivieren.

Dir werden aufgrund dieser Beschreibungen bestimmt ein paar Personen aus deinem Umfeld in den Kopf gekommen sein. Hab ich recht?

Bevor wir aber weiter zu den Energiespendern gehen, möchte ich noch, dass du überprüfst, ob du nicht eventuell zu der Gruppe der Energiesauger gehörst. Natürlich ist es schwer, sich das einzugestehen, aber vielleicht löst du bei anderen Menschen genau diese Gefühle und Reaktionen aus. Überprüfe das ganz einfach einmal!

Energiespender
Nun kommen wir zu den Eigenschaften jener Personen, mit denen du dich umgeben solltest, wenn du engagiert bist, sowie Träume und Ziele hast, die du verwirklichen willst.

Umgib dich möglichst oft mit Energiespendern, denn sie sind es, die dir die Kraft und das Selbstvertrauen geben, um dich weiterentwickeln zu können.

Wie du Energiespender erkennst:

- Du hast in seiner/ihrer Gegenwart ein gutes Gefühl.

- Du empfindest Wertschätzung, wenn du dich mit diesem Menschen unterhältst.
- Deine Träume werden respektiert und verstärkt.
- Solche Menschen wollen sich selbst in eine positive Richtung verändern und weiterentwickeln.
- Sie inspirieren dich.
- Sie richten dich auf, wenn es dir schlecht geht.
- Sie motivieren dich.
- Sie unterstützen dich.
- Sie bringen dich zum Lachen.
- Die Zeit vergeht wie im Flug, wenn ihr zusammen seid.
- Sie nehmen nicht nur, sondern geben auch.
- Sie treiben dich an!

Mit Sicherheit sind dir auch nun wieder ein paar Menschen eingefallen, auf die diese Beschreibung zutreffend ist.

Der Test
Nimm nun den Zettel, auf dem du vorher die fünf Namen geschrieben hast, mit denen du dich am meisten umgibst.
Überprüfe nun jeden Namen anhand meiner Beschreibungen von Energiespendern und Energiesaugern. Wo würdest du jede einzelne Person auf dieser Liste zuordnen?

Wovon stehen mehr drauf? Von den Energiesaugern oder den Energiespendern? Du könntest ja diese Auflistung noch weiter unterteilen.

- - -: Extremer Energiesauger
- -: Energiesauger
- 0: Gibt gleich viel Energie, wie sie nimmt.
- +: Energiespender
- + +: Extremer Energiespender

Wie sieht das Ergebnis aus? Bist du aus dieser Sicht der Dinge zufrieden damit? Auch auf die Gefahr hin, dass ich dich nerve, aber versuche wirklich möglichst objektiv zur Sache zu gehen.

Schwindelst du bei dieser Bewertung, belügst du niemand anderen als dich selbst damit.

Wenn du mit dem Ergebnis zufrieden bist, perfekt! Dann brauchst du an deinem Umfeld nicht wirklich viel ändern.

Bist du allerdings nicht zufrieden, wirst du etwas ändern müssen, um deine Ziele und Träume zu erreichen. Wie? Das verrate ich dir im kommenden Abschnitt!

Trennungen

So hart es auch klingen mag, aber trenne dich von Menschen, die schlechten Einfluss auf dich haben. Das kann auch enge Freunde oder Familien-Mitglieder betreffen. In manchen Fällen mag dir eine solche Trennung vielleicht ganz leichtfallen, aber im Großteil der Fälle wirst du massive Probleme und Gewissensbisse haben. Solltest du es nicht schaffen, dich von einem Menschen ganz zu trennen, auch wenn er dich negativ beeinflusst, dann versuche zumindest, den Kontakt zu minimieren. Du musst dir einfach im Klaren darüber sein, dass dieser Mensch dir schadet.

In der Regel versuchen wir Dinge, die uns schaden, zu vermeiden, bei Beziehungen ist das komischerweise nicht immer so.

Freunde
Richtige Freunde erkennst du erst, wenn du in der Scheiße steckst. Wenn es dir gut geht und besonders, wenn du sehr erfolgreich bist, wirst du viele Schulterklopfer um dich haben. Ich habe diese Lektion als Fußballtrainer lernen müssen. Als es besonders gut lief und wir ein Spiel nach dem anderen gewonnen haben, hatte ich viele Freunde und Schulterklopfer. Ein paar Monate später, nach einer Niederlagen-Serie, forderten diese Freunde und Schulterklopfer meinen Kopf als Trainer. Das alles binnen eines halben Jahres!

Versuche also, echte Freunde von den Energiesaugern zu unterscheiden. Das mag nicht immer einfach sein, aber je öfter du deine Freunde hinterfragst, umso eher werden sich die wahren Freunde herauskristallisieren. Und wenn du mal so richtig in der Scheiße steckst, dann wirst du ohnehin recht schnell merken, wer zu dir steht und wer nicht. Oftmals wird dich das überraschen, weil plötzlich einige Menschen an deiner Seite sein werden, mit denen du vielleicht gar nicht so gerechnet hast.

Ich wünsche dir keine Probleme, oder dass es dir im Leben schlecht geht. Aber der große Vorteil von Krisen und Problemen im Leben ist, dass du sehr schnell erkennst, wer ein wirklicher Freund ist und wer nicht! Insofern hat auch eine Krise eine positive Seite.

Oftmals besteht Freundschaft lediglich noch aus einer gemeinsamen Vergangenheit. Das erkennen die meisten bloß nicht und eingestehen wollen es sich noch viel weniger Menschen. Auch hier hilft Reflexion. Was verbindet mich mit diesem Menschen noch? Wo unterstützen wir uns? Wo haben wir Gemeinsamkeiten? Inwiefern profitieren wir voneinander? Wenn du in der Vergangenheit mit diesem Menschen eine tolle Zeit hattest, ist das schön, aber was nutzt dir das, wenn es in der Gegenwart nicht mehr so ist oder in der Zukunft nicht mehr sein wird? Rein gar nichts!

Manche Freundschaften sind eben nur auf Lebensabschnitte bezogen: Schule, Universität, Job, Firma, Hobby! Wenn sich die Wege mal trennen, dann verbinden einen diese Dinge nicht mehr. Ich hatte viele gute Freunde in der Schule, an der Uni, im Job, bei den Fußballvereinen, wo ich tätig war. Es waren schöne Zeiten und gute Freundschaften. Aber was uns verbunden hat, war die Schule, die Uni, der Job oder der gemeinsame Fußballverein. Trennen sich die Wege, verliert man sich aus den Augen und hat immer weniger Kontakt. Richtige Freundschaft hingegen hat nichts mit Gemeinsamkeiten im Beruf, der Ausbildung oder dem Hobby zu tun. Sie hält länger und überdauert auch Krisen. Dessen solltest du dir jedenfalls bewusst sein.

Besser ein Ende mit Schrecken als Schrecken ohne Ende!

Das gilt zumindest für jenen Teil deiner Freunde, die nur Energie von dir saugen und dir von sich aber keinerlei Energie zur Verfügung stellen wollen. Ja, es klingt hart, aber glaube mir, es wird dein Leben dramatisch verbessern. Ich spreche da aus eigener Erfahrung! Ich habe mich extrem schwergetan, solche „Beziehungen“ zu beenden, hatte teilweise sogar ein schlechtes Gewissen dabei. Aber ich tat es trotzdem, weil ich der festen Überzeugung war, dass es mir helfen wird. Und so war es auch. Als ich diese „Quälgeister“ los war, war es wie eine Erlösung!

Nein, ich habe nicht alle diese Beziehungen ganz beendet. Bei allen habe ich es einfach nicht über das Herz gebracht, frag mich bitte nicht, warum! Aber die Beziehung zu diesen „Freunden“ habe ich auf ein Minimum reduziert. Das ist zwar nicht die Optimallösung, aber besser, als so weiterzumachen wie bisher. Ich dachte wohl im Hinterkopf, diese Beziehungen würden dann auslaufen und irgendwann sowieso zum Erliegen kommen. Das war allerdings eine massive Fehleinschätzung. Energiesauger geben da nicht so leicht auf. Wenn sie weniger von dir saugen können, ist ihnen das zwar nicht recht, aber sie begnügen sich dann auch mit Minimaldosen und holen sich diese immer wieder ab.

Unterliege also nicht dieser Fehleinschätzung und überlege stets, ob es nicht besser wäre, diese Beziehung ganz zu beenden!

Achte auch bei neuen Freunden, die in dein Leben treten, stets darauf, ob es sich um Energiesauger handelt. Was nutzt es, wenn du dich von alten Energiesauger-Freunden trennst und dafür neue in dein Leben lässt?

Und was besonders wichtig ist:
Achte bei Freunden stets auf Qualität, nicht auf Quantität!

Familie

Den Kontakt zur Familie abzubrechen, ist meist noch schwerer, als den zu „Freunden“ zu unterbinden. Aber was nutzt es dir, wenn dich das eine oder andere Mitglied deiner Familie ständig blockiert und heruntermacht? Gar nichts!

Ich könnte dir hier einige Beispiele von Menschen aufzählen, die sich von Teilen der Familie abgegrenzt haben und seither regelrecht aufblühen. Einige schafften das, indem sie es derjenigen Person mitteilten, keinen Kontakt mehr zu wollen, andere wiederum zogen einfach in eine andere Stadt und minimierten den Kontakt so auf eine natürliche Weise. Das ist natürlich ein extremer Schritt, weil du damit verbunden auch viele gute Freunde und Energiespender aufgeben musst!

Aber allesamt hatten sie ohne die Energiesauger und Blockierer plötzlich ein völlig neues und besseres Leben!

Im Prinzip gilt alles, was für Energiesauger-Freunde gilt, auch für Energiesauger-Familienmitglieder: Trenne dich oder minimiere den Kontakt!

Achtung
Ich rufe hier nicht dazu auf, dich wahllos von Menschen zu trennen. Sondern ich will dich nur dafür sensibilisieren, dass du vielleicht schon viel weiter in deinem Leben wärst ohne diese Energiesauger. Du hättest den einen oder anderen Traum, die eine oder andere Vision, das eine oder andere Ziel vielleicht schon erreicht, würde dir nicht dauernd Energie genommen, schlecht zugeredet, deine Träume als dumm dargestellt oder deine Visionen als unrealisierbar heruntergemacht werden.

Du bist der wichtigste Mensch in deinem Leben!

Wenn dir jemand schadet, dann meide ihn, ganz egal, ob er zur Familie oder zu deinen Freunden gehört.

So findest du deinen Mentor

Durch einen Mentor hast du Zugriff auf viel Erfahrung und Wissen! So kannst du dich und deine Projekte effizient weiterentwickeln. Mentoren haben in der Regel schon viel Erfahrung in dem Gebiet oder der Branche, in der du ihre Hilfe in Anspruch nimmst. Du zapfst damit also eine riesige Wissensdatenbank an, die du zu deinem Vorteil nutzen kannst.

Mentoren sollten:

- Tipps geben,
- dir mit ihrem Fachwissen zur Seite stehen,
- dir sagen, worauf du achten sollst,
- dich darauf hinweisen, was du vermeiden solltest.

Wenn du einen Mentor und damit einen Profi an der Seite hast, solltest du das unbedingt ausgiebig nutzen. Aber es ist auch Vorsicht angebracht, denn nicht jeder Mentor ist auch ein guter Mentor.

Achte bei der Auswahl von Mentoren auf folgende Punkte:

- Hat er/sie Erfahrung auf jenem Gebiet, in dem du ihn am meisten brauchst?
- Bringt er/sie den Willen und die Einstellung mit, dir wirklich helfen zu wollen?
- Stellt er/sie dir das gesamte Fachwissen und die gesamten Erfahrungen zur Verfügung?
- Hat er/sie Gefallen daran, dir zu helfen, oder tut er es aus anderen Motiven?
- Hat er/sie auch die nötigen Zeitressourcen, dir zu helfen?

Nur wenn du all diese Fragen positiv beantworten kannst, solltest du dich auf die Zusammenarbeit einlassen. Alles andere wäre Zeitverschwendung!

Wo du Mentoren findest!

Das ist eine der schwersten Fragen, denn es ist alles andere als leicht, einen Mentor zu finden. Das hat den einfachen Grund, dass die oben erwähnten Punkte nur auf die wenigsten Menschen zutreffen, und falls doch, muss man erst einmal den Kontakt zu möglichen Kandidaten herstellen. Daher habe ich ein paar Möglichkeiten herausgearbeitet, wo du mögliche Kandidaten finden könntest:

- Freunde, Bekannte, Verwandte, Geschäftspartner: Vielleicht befindet sich in diesem Personenkreis schon jemand, mit dem du dich austauschen kannst. Das ist natürlich die einfachste Lösung, denn hier den Kontakt herzustellen, ist denkbar einfach. Selbst wenn sich niemand darunter befindet, solltest du trotzdem herumfragen, dich umhören und die Angel auswerfen. Oft bekommst du dann Antworten wie: „Ich kenne da jemanden, der jemanden kennt, der ...“ Das genügt oft schon, um den Kontakt mit der Zielperson herstellen zu können.

- Mastermind-Gruppen:
  Eine Mastermind-Gruppe ist im Großen und Ganzen nichts anderes als eine Gruppe von Gleichgesinnten, die sich regelmäßig treffen, um sich auszutauschen, gegenseitig Hilfestellungen zu geben, gemeinsam Ziele zu erarbeiten und gegenseitig den Weg zur Zielerreichung kontrollieren. Wir werden das Thema Mastermind-Gruppe gleich im nächsten Abschnitt bearbeiten.
  Eine Mastermind-Gruppe ist ein extrem wertvolles Instrument und wahrscheinlich die beste Möglichkeit, um zu netzwerken, aber natürlich auch, um einen Mentor zu finden.

- Blogger:
  Blogger sind in der Regel sehr gut mit interessanten Menschen vernetzt. Schreibe einfach Blogger themenspezifischer Blogs an und bitte sie bei der Suche um Hilfe.

- XING und andere Karriere-Netzwerke:
  Bei XING gibt es Tausende Gruppen zu eben so vielen unterschiedlichen Themen-bereichen. In der Regel solltest du da fündig werden.
  Oftmals wird in diesen Gruppen zwar auch viel Werbung gepostet, aber ab und an findet man wirklich interessante (gleichgesinnte) Menschen über diese Gruppen.

- Facebook-Gruppen:
  Ähnlich wie bei XING findest du auch bei Facebook immer wieder interessante Gruppen. Hier musst du aber sehr genau forschen, denn oftmals sind diese Gruppen versteckt und gesperrt.

- Internet-Foren:
  Auch in Foren kann man jede Menge Experten finden. Ein Beispiel dafür ist die „Gilde: Erfolg mit Leidenschaft“ von Markus Cerenak und Jakob Schweighofer. Dort findest du Gleichgesinnte zum Thema „Hamsterrad verlassen“ und „Lifestyle-Business aufbauen“.

- Ziel-Plattformen:
  Stickk.com und Lift.do sind zwei gute Plattformen zu diesem Thema. Du gibst dein Ziel ein und kannst dort Unterstützer für dieses Ziel finden.

- Seminare, Fortbildungen, Webinare:
  Das ist der absolut genialste Weg, um Mentoren zu finden. Der Grund ist denkbar einfach: In der

Erwachsenenbildung findest du jede Menge motivierte und erfahrene Menschen.

- Messen, Kongresse, Konferenzen:
  Hier ist es nicht ganz so einfach wie in Seminaren, aber trotzdem möglich. Vor allem, weil du extrem viel Gleichgesinnte an einem Ort versammelt hast.

Wenn du die Möglichkeit hast, einen Mentor zu finden, dann würde ich dir das unbedingt empfehlen. Denn gerade in der 1:1-Betreuung profitierst du wahnsinnig viel und kannst dich unheimlich weiterentwickeln.

Gründe eine Mastermind-Gruppe

Mastermind-Gruppen sind eine geniale Sache, aber leider im deutschsprachigen Raum noch nicht so verbreitet wie in den USA. Dort steht der regelmäßige Austausch mit Gleichgesinnten an der Tagesordnung. In diesem Kapitel möchte ich dir zeigen, was eine Mastermind-Gruppe ist, welche Vorteile du aus einer solchen generieren kannst und wie du eine Mastermind-Gruppe findest bzw. gründest. Voraussetzung ist natürlich, dass alle Mitglieder der Mastermind-Gruppe ungefähr dieselben Ziele, Werte und Ambitionen haben.

Was ist eine Mastermind-Gruppe?
Es handelt sich dabei um eine Gruppe von Leuten (in der Regel 4-6 Personen), die sich zum regelmäßigen Erfahrungsaustausch trifft. Diese Treffen müssen nicht unbedingt real stattfinden, sondern werden im Technikzeitalter natürlich immer öfter online abgehalten. Dazu bietet sich zum Beispiel Skype oder Google-Hangout an. Die Intervalle können natürlich völlig frei gewählt werden. Manche Gruppen tagen wöchentlich, andere 14-tägig und einige beschränken sich auf den monatlichen Austausch.

Sinn dieser regelmäßigen Treffen ist es, sich gegenseitig zu unterstützen, Zielvereinbarungen zu treffen, Erfahrungen auszutauschen und sich zum Wachstum und Erfolg anzuregen.

Welche Vorteile bietet eine Mastermind-Gruppe?
Zunächst einmal ist das Wissen einer Gruppe immer weit größer als das Wissen einer einzigen Person. Das hat schon damit zu tun, dass es in einer Gruppe immer mehrere Ansichten und Blickwinkel gibt, aber natürlich auch unterschiedliche Erfahrungswerte. Diese zur Verfügung zu stellen, aber natürlich auch für sich zu nutzen, ist der große

Benefit einer Mastermind-Gruppe.

Weitere Vorteile:

- Entwickeln und Ausbauen der eigenen Visionen mithilfe der anderen Gruppenmitglieder.
- Mithilfe der Gruppe Ziele kreieren. Da jeder in der Gruppe die Ziele der anderen Personen auch kennt, entsteht eine Verbindlichkeit. Die eigene Motivation, diese Ziele erreichen zu wollen, erhöht sich dadurch natürlich extreme.
- Gegenseitige Motivation und das Helfen durch Tiefs stehen natürlich ebenfalls auf dieser Liste. Hat ein Gruppenmitglied ein Tief, wird es durch die anderen unterstützt und motiviert.
- So eine Mastermind-Gruppe ist natürlich ein riesiger Wissenspool. Jedes einzelne Mitglied bringt nicht nur Fachwissen, sondern auch jede Menge praktische Erfahrung mit.
- Man bleibt seiner Linie eher treu, wenn man andere Menschen um sich hat, die einen darauf aufmerksam machen, dass man gerade auf Abwegen ist. Die Gruppe hilft einem, auf den rechten Pfad zurückzufinden. So verzettelt man sich wesentlich weniger auf Nebenkriegsschauplätzen und kann sich auf das Wesentliche konzentrieren.
- Der Austausch zu aktuellen Planungen ist ebenfalls eine interessante Sache. Wenn man seine Ideen und die zukünftig geplanten Schritte mit der Gruppe teilt, bekommt man dazu wertvolles Feedback, das man in die nächsten Schritte mit einarbeiten kann.
- Neuen Input und neue Ideen holen. Auch das ist ein großer Vorteil von Mastermind-Gruppen. Durch die vielen unterschiedlichen Projekte und Aufgaben der einzelnen Mitglieder kann man sich jede Menge Anregungen für die eigenen Projekte holen.
- Der Austausch von Tools und Ressourcen ist der nächste Pluspunkt. Wer arbeitet mit welchem Tool?

Wer nutzt welche Ressourcen? Durch diesen Einblick in die Arbeitsweise der anderen Gruppenmitglieder kann man sehr viel für die eigene Effizienz und Produktivität mitnehmen.

- Durch Kritik eine Weiterentwicklung in Gang setzen. So ein Mastermind-Treffen ist natürlich kein Kaffeekränzchen, sondern auch ein Ort, an dem man Kritik äußern darf. Diese Kritik sollte natürlich immer positiv aufgenommen werden und der eigenen Weiterentwicklung dienen.

Du siehst also, so eine Mastermind-Gruppe bringt dir jede Menge Mehrwert und kann dich sehr positiv dabei unterstützen, deine Projekte und deinen Beruf besser ausüben zu können.

Wie du eine Mastermind-Gruppe gründest:
Ich habe mittlerweile Erfahrungen aus drei Mastermind-Gruppen, zwei davon hab ich selbst gegründet. Bevor ich dir aber erzähle, wie du eine Mastermind-Gruppe gründen kannst, gebe ich dir vorweg den wichtigsten Ratschlag:

Lade nur Leute in eine Mastermind-Gruppe ein, die besser und weiter sind, als du es bist!

Ja, dieser Ratschlag mag ein wenig komisch klingen, ist aber ganz einfach erklärt. Wenn du dich weiterentwickeln willst, dann versuche, Menschen für diese Gruppe zu begeistern, die dir weiterhelfen können. Es mag zwar ganz okay sein, wenn der eine oder andere „Neuling“ mit noch wenig Erfahrung dabei ist, aber wirklich helfen tun dir eben nur Menschen, die schon da sind, wo du hinwillst. Das solltest du bei der Zusammensetzung immer beachten!

Als ich meine Fußballtrainer-Mastermind gegründet habe, achtete ich bei der Zusammensetzung darauf, dass die Teilnehmer mehr Erfahrung als ich hatten. Das hat sich im

Nachhinein bezahlt gemacht, denn ich profitierte extrem von dieser Gruppe.

Ich kann es förmlich hören, wie deine Gehirnzellen grübeln und sich eine Frage in deinem Kopf zusammenbraut: „Aber warum sollten Menschen, die besser sind als ich, denn in meine Mastermind-Gruppe kommen?"

Dazu habe ich drei Antworten:

- Verbinde sie mit anderen interessanten Menschen: In meiner Fußballtrainer-Mastermind waren lauter gute Trainer vertreten und so war es nicht schwer, weitere gute dazuzubekommen. Ich verwendete dazu anfangs einen kleinen Trick: Ich sprach zunächst einmal zwei Trainer an und erzählte ihnen von der Idee meiner Mastermind. Beide meinten: „Klingt gut, aber wer macht denn noch mit?" Also erzählte ich jedem, dass der jeweils andere auch überlegt, dabei zu sein. Beide waren begeistert und meinten: „Na, wenn der andere Trainer teilnimmt, dann bin ich auch dabei." Problem gelöst! Und mit diesen beiden guten Trainern als Zugpferd war es ein Leichtes, noch weitere zu begeistern!

- Trau dir selbst mehr zu:
  Die meisten Menschen unterschätzen sich selbst. Ich hatte am Anfang auch Bedenken andere Trainer anzusprechen, vor allem Bedeutende für meinen Bereich. Immer wieder dachte ich: „Warum sollen die ausgerechnet mit mir in eine Mastermind wollen?" Aber ich hatte zu diesem Zeitpunkt gerade mein erstes Buch für Fußballtrainer bei Amazon veröffentlicht und das gab mir zusätzlich Schub.
  Als ich in den Einladungen dieses Buch erwähnte, waren alle begeistert. Zwei Trainern schickte ich das Buch mit dem Einladungsschreiben für die Mastermind-Gruppe mit. Auch das machte natürlich

Eindruck.
Egal wie, wenn dich das Gebiet interessiert, hast du sicher auch schon Erfolge vorzuweisen. Also trau dir mehr zu und sprich auch Leute an, die weit über deinem Niveau agieren. Mehr als eine Absage zu bekommen, kann ohnehin nicht passieren.
In meine Fußballtrainer-Mastermind wollten, als sie gut angelaufen war und wir schon voll waren, dann plötzlich doch noch drei Trainer, die vorher abgesagt hatten. Sie mussten sich aber mit einem Platz auf der Warteliste begnügen! Nutze das beschränkte Platzkontingent als zusätzliche Animation. Wenn du den Kandidaten vermittelst, dass nur noch ein Platz in der Gruppe frei ist, hilft dir das sicher bei der Rekrutierung.

- Versuche potenziellen Kandidaten deine Visionen schmackhaft zu machen:
  Was hast du mit der Gruppe Großes vor? Was soll daraus entstehen? Wo ist der Benefit für den Einzelnen? Was versäumt derjenige, wenn er nicht mitmacht? Arbeite das im Vorfeld ganz genau aus und vermittle das in deinen Einladungen auch dementsprechend!

Aber wie gehst du nun im Detail vor, bei der Suche nach Mitgliedern für deine Mastermind-Gruppe?

- Erstelle eine Liste:
  Liste zunächst einmal zehn Menschen deiner Branche oder deiner Peer-Group auf, die du gerne dabei hättest. Solche Menschen findest du unter anderem bei Amazon (Buch-Autoren), in sozialen Netzwerken, bei Bloggern, über Medien, aber natürlich auch über persönliche Kontakte von Freunden, Kollegen oder Bekannten.
  Ich habe ja im vorherigen Abschnitt bei den Mentoren

schon einige Möglichkeiten aufgelistet, selbiges gilt natürlich auch für Mastermind-Gruppen.

- Versende Einladungen:
  Wie schon erwähnt, scheue dich nicht davor, auch berühmte oder bekannte Personen einzuladen. Halte dich aber in den Einladungen so kurz wie möglich. Niemand liest seitenlange E-Mails oder Briefe. Je kürzer desto besser.
  Ebenso wichtig wie die Kürze ist es aufzufallen. Je mehr du auffällst, umso besser. Anstatt zu schreiben, könntest du zum Beispiel ein kurzes Video machen oder eine andere innovative Form der Einladung wählen. Wie auch immer, sei kreativ und versuche die Aufmerksamkeit auf deine Mastermind-Gruppe zu legen.

Der Ablauf der Treffen
Bevor du nun mit dem ersten Treffen startest, solltest du unbedingt noch ein paar Gruppenregeln aufstellen. So kannst du Streitigkeiten oder anderweitige Probleme schon im Vorhinein verhindern.
Daher gebe ich dir ein paar Gedankenanstöße mit:

- Kritische Punkte:
  Es muss auf alle Fälle Klarheit über die Moderation und die Sprechzeiten bei den einzelnen Meetings geben. Besonders wichtig ist dies bei Online-Treffen (via Skype oder Google-Hangout). Wer moderiert und wer hat wie viel Zeit zu sprechen? Sind diese Dinge schon im Vorfeld besprochen und festgelegt, gibt es während des Treffens keinerlei Diskussion mehr. Wenn nötig, installiere auch weitere Gruppenregeln bezüglich Unterbrechungen und anderen Kommunikationsdetails. Des Weiteren würde ich von Beginn an festlegen, dass ein starkes Feedback gewünscht ist. Kritik ist für den Entwicklungsprozess

wichtig, und solange sie nicht beleidigend oder herabwürdigend ist, ist sie ein legitimes Mittel für jede Mastermind-Gruppe. Einige zartbesaitete Menschen können damit vielleicht nicht umgehen. Aber Kritik ist eben wichtig für den Lernerfolg. Stelle daher von Beginn an klar, dass Kritik gewünscht ist und auch vertragen werden muss.

- Richtlinien, Guidelines:
  Stelle Datum, Zeit, Dauer, Ort und Intervalle der Treffen von Beginn an klar, am besten schon in der Einladung. Es muss dir bewusst sein, dass du es niemals schaffst, dass sechs Menschen an einem Termin alle Zeit haben. Irgendwer wird immer nicht können. Daher würde ich den Termin an deiner Stelle im Voraus festsetzen und einen Wechsel nur zulassen, wenn 2/3 der Beteiligten dafür stimmen. Außerdem solltest du in den Gruppenregeln die Themen Pünktlichkeit und Absage genauer regeln. Bei wem sagt man ab, wenn man nicht teilnehmen kann? Was tun, wenn jemand ununterbrochen unpünktlich ist. Das Thema Pünktlichkeit war in der Fußballtrainer-Mastermind ein großes Problem, bis wir als Strafe festgelegt haben, dass jemand, der unpünktlich ist, ein Lied singen muss. Schlagartig waren danach immer alle pünktlich!
  Weise in den Guidelines ruhig auch auf die Sprechzeiten sowie auf die Formen, in denen Kritik geübt werden soll (konstruktiv ja, negativ nein), hin.

- Tagesordnung:
  Zu guter Letzt sollte jedes Treffen auch eine Tagesordnung haben. Damit bekommst du Struktur in das Treffen. Hier ein Beispiel dafür:
  18.00 Uhr: Begrüßung
  18:05 Uhr: Hast du dein Ziel aus der letzten Mastermind-Sitzung erreicht?

18:20 Uhr: Ein Mitglied stellt ein Projekt vor oder hält einen Vortrag zu einem gewissen Thema.
18:50 Uhr: Diskussion und Hilfestellungen zum Projekt oder Vortrag.
19:10 Uhr: Dringliche Fragen anderer Gruppenmitglieder werden behandelt.
19:20 Uhr: Jedes Gruppenmitglied formuliert sein Ziel bis zum nächsten Treffen!
19:30 Uhr: Offizielles Ende
Im Anschluss besteht natürlich die Möglichkeit zur freien Diskussion oder zum weiteren gegenseitigen Austausch. Das wird vor allem bei realen Treffen der Fall sein. Bei Online-Meetings ist das schwerer möglich und endet eher so, dass sich einzelne Gruppenmitglieder zum gegenseitigen weiteren Austausch verabreden.

So weit also zum Thema Mastermind-Gruppen. Wie gesagt, ich kann dir nur empfehlen, dich in solchen Gruppen zu engagieren, denn der Mehrwert, den du daraus generieren kannst, ist sensationell.

Ich habe dir in den Bonus-Tools einige Vorlagen zur Verfügung gestellt (z. B.: Einladung, Tagesordnung, Teilnehmer-Übersicht).

Hör auf, dich mit anderen zu vergleichen

Ich möchte dieses Kapitel mit einem Zitat eröffnen:

„Es ist nicht wichtig, besser zu sein, als irgendwer anderer. Es ist wichtig, heute besser zu sein als gestern!" Kanō Jigorō

Damit könnte ich dieses Kapitel eigentlich schon wieder beenden, denn in diesem Zitat ist eigentlich schon alles gesagt. Ich möchte dir aber trotzdem noch ein paar Gründe liefern. Es gibt zu diesem Thema natürlich viel mehr Gründe, als ich hier beschreibe, aber ich denke, es genügt, sich auf die wichtigsten zu konzentrieren:

Dich mit anderen zu vergleichen macht unglücklich
Mal ganz ehrlich: Es wird immer jemanden geben, der schneller, stärker, intelligenter, schöner oder besser ist als du. Zumindest gilt das für 99,99 % der Menschheit! Es spricht auch nichts dagegen, wenn du in einer gewissen Kategorie der Beste sein willst. Das mag durchaus okay sein. Aber in der Regel vergleichen wir uns immer mit den Schönen und Reichen, die uns in den Medien ständig über den Weg laufen.

Aber anstatt uns zu Höchstleistungen anzuspornen, ist genau das Gegenteil der Fall. Unser Selbstbewusstsein wird leiden, weil wir es eben nicht schaffen der Schönste, Schnellste, Beste und Coolste in mehreren Gebieten zu sein.

Umgekehrt gesehen: Wer ein gutes Selbstwertgefühl hat, braucht sich auch gar nicht mit anderen Menschen zu vergleichen. Er/Sie ist sich bewusst, dass er auf einem guten Weg ist, und strahlt damit ein hohes Maß an Zufriedenheit aus.

Jeder ist individuell, jeder ist anders
Wir haben alle gewisse Voraussetzungen, mit denen wir in das Leben starten. Abgesehen davon können wir uns natürlich in

unserem Leben gewisse Herausforderungen erarbeiten. Trotzdem bleiben wir alle individuelle Personen mit unterschiedlichen Eigenschaften, Stärken und Schwächen.

Es macht in der Regel also gar keinen Sinn, sich mit jemand anderem zu vergleichen. Nehmen wir hier als Beispiel die Formel 1 her. Ist der Weltmeister der Formel 1 auch tatsächlich der beste Fahrer? Oder gibt es nicht im gesamten Starterfeld einen anderen Fahrer, der weit besser ist, aber mit einem viel schlechteren Auto unterwegs ist?

Formel-1-Weltmeister zu sein, heißt lediglich das beste Gesamtpackage (Auto, Fahrer, Team) gehabt zu haben. Und genauso ist es mit uns Menschen auch. Jeder ist anders, also macht es eigentlich auch nur Sinn, sich mit sich selbst zu vergleichen!

Dich mit anderen zu vergleichen, bringt dich kein Stück weiter

Selbst wenn du zur Erkenntnis kommst, dass Bill Gates reicher, Claudia Schiffer schöner oder Sebastian Vettel schneller ist, als du es bist. Was bringt dir dieser Vergleich? Nicht wirklich viel. Selbst wenn du mal sagst, du willst reicher werden als Bill Gates, macht es zunächst einmal Sinn, sich mit dir selbst zu vergleichen.

Um wie viel reicher bin ich in den letzten sechs Monaten geworden und um wie viel reicher werde ich in den kommenden sechs Monaten sein?

Das Fazit dieses Kapitels: Beginne dich mit dir selbst zu vergleichen als mit anderen. Stelle dir regelmäßig die Fragen:

- Wie weit war ich in diesem und diesem Punkt vor einem Jahr?
- Wie weit bin ich jetzt?
- Wie weit will ich in einem Jahr sein?

Diese Fragen bringen dir weit mehr, als es ein Vergleich mit anderen jemals bringen könnte!

Arbeitsaufgaben

Aufgabe 1:
Energiesauger oder Energiespender?
Schreibe die Namen jener fünf Menschen, mit denen du dich am meisten umgibst, auf einen Zettel.
Wovon stehen mehr drauf? Von den Energiesaugern oder den Energiespendern? Du könntest ja diese Auflistung noch weiter unterteilen.

- - -: Extremer Energiesauger
- -: Energiesauger
- 0: Gibt gleich viel Energie, wie sie nimmt.
- +: Energiespender
- + +: Extremer Energiespender

Analysiere das Ergebnis!

Aufgabe 2:
Suche dir einen Mentor!

Aufgabe 3:
Suche dir eine Mastermind-Gruppe! In den Bonus-Tools findest du einige Vorlagen (z. B. für Einladungen und Tagesordnungen).

Planen, aber richtig

„If you fail to plan, you planning to fail!" Benjamin Franklin

Ich denke, dieses Zitat trifft es ganz gut: „Wenn du bei der Planung versagst, dann planst du dein Versagen". Bei der Planung zu versagen, heißt meist, gar nicht zu planen. Ich treffe immer wieder auf Menschen, die der Planung keinen hohen Stellenwert beimessen und daher meist komplett darauf verzichten. Wenn sie planen, dann nur sehr kurzfristig.

Dabei ist gerade die langfristige Planung ein extrem wichtiges Instrument, um erfolgreich zu sein. Ich bin der festen Überzeugung, dass jede Minute, die ich mit Planung verbringe, sich doppelt und dreifach in der Umsetzung meiner Projekte bezahlt macht. Vielfach herrscht die Meinung, dass Planung nur Zeit kostet. Aber genau das Gegenteil ist der Fall, denn richtige Planung wird dir helfen, produktiver und effizienter zu arbeiten. Daher kostet sie keine Zeit, sondern du gewinnst Zeit dadurch.

Wir haben in diesem Buch bereits deine Werte und Visionen erarbeitet, außerdem haben wir uns mit der langfristigen Zielsetzung beschäftigt. Nun geht es an die Planung. In diesem Zusammenhang empfehle ich dir eine Unterteilung in Jahresplanung, Monatsplanung, Wochenplanung und Tagesplanung. Wir werden jeden einzelnen dieser Planungsschritte in diesem Kapitel durchgehen.

Jahresplanung

Ich persönlich mache meine Jahresplanung immer zu Jahresbeginn. Manchmal beginne ich schon ein wenig vor dem Neujahr und nutze die ruhige Zeit zwischen Weihnachten und dem 1. Januar. Es ist allerdings nicht verpflichtend, ausgerechnet dieses markante Datum zu wählen.

Selbstverständlich kannst du deine Jahresplanung an jedem beliebigen Tag des Jahres durchführen. Der Jahresbeginn bietet sich deshalb an, weil es traditionell die Zeit der guten Vorsätze ist.

Ich erstelle diese Planungen auch mit all meinen Klienten. Die meisten von ihnen wählten ebenfalls den Jahresbeginn als einen optimalen Zeitpunkt für die Jahresplanung. Wenn du dieses Buch aber im August liest, so macht es Sinn die Zeit bis zum Jahresende trotzdem zu planen. Warte nicht mit der Jahresplanung bis zum Neujahr, sondern plane einfach die Zeit bis dahin und definiere sie einfach als Jahresplanung.

Schritt 1: Die Jahresplanung beginnt mit einer Reflexion
Bevor ich das neue Jahr plane, muss ich mir ein paar Gedanken über das vergangene Jahr machen:

- Was war gut?
- Was war schlecht?
- Wo muss ich den Hebel ansetzen, um besser zu werden?
- Was muss ich verändern, um erfolgreicher zu werden?

Am besten erstellst du dabei eine Situationsanalyse. Das heißt, du siehst dir die einzelnen Lebensbereiche an und schätzt einfach deine momentane Situation diesbezüglich ein.
Wie genau die Unterteilung in deine Lebensbereiche aussieht, bleibt dir natürlich selbst überlassen. Ich habe folgende Einteilung für mich als ideal empfunden:

- Körper, Fitness, Gesundheit
- Arbeit, Geld verdienen
- Familie, Freunde
- Seele, Sinn, Kultur

Zu jedem der einzelnen Punkte stelle ich folgende Überlegungen an:

- Wo stand ich zu Jahresbeginn?
- Wo stehe ich nun zu Jahresende?
- Was hat sich verändert, verbessert, verschlechtert?
- Warum hat es sich verändert, verbessert, verschlechtert?
- Was muss sich ändern, um bessere Fortschritte zu erreichen?

Wenn du all diese Fragen für dich selbst beantworten kannst, dann kannst du diese sehr positiv in die kommende Jahresplanung einfließen lassen.

Schritt 2: Überarbeite deine Werte
Wie ich bereits im Abschnitt über „Werte" erwähnt habe, solltest du dir dieses Thema zumindest einmal jährlich ansehen. Werte sind nämlich kein stabiler Faktor, sondern können sich im Laufe eines Lebens verändern. Wenn du stets an dir und deiner Persönlichkeit arbeitest, dann werden sich auch deine Werte in eine positive Richtung verändern.

Daher empfehle ich dir die Übung zum Thema „Werte" einmal jährlich zu wiederholen. Ich finde, dass das sehr gut zur Jahresplanung dazu passt, und habe diesen Punkt daher in meine Jahresplanung implementiert.

Schritt 3: Überarbeite deine Bucketlist
Auch das Thema „Bucketlist" haben wir in diesem Buch schon besprochen. Nimm dir deine Bucketlist nun zur Hand und

sieh einfach durch, welche Dinge für dich noch aktuell sind bzw. welche Dinge ihre Aktualität verloren haben.

Jene Dinge, die für dich nicht mehr aktuell sind, streiche von der Bucketlist.

Nun ist es an der Zeit, Punkte aus dieser Bucketlist auszuwählen, die du im kommenden Jahr realisieren willst. Für mich ist das der schönste Teil der Jahresplanung. Ich nehme mir diese Punkte zur Hand und plane auch gleichzeitig ein, zu welcher Zeit des Jahres ich welchen Punkt realisieren will.

Aber Vorsicht! In dieser Übung ist ein kleines Problem versteckt. Planung heißt in diesem Fall einfach festzulegen, wann du was realisieren willst. Achte darauf hier noch nicht zu sehr ins Detail zu gehen und alles genau planen zu wollen.

Die Jahresplanung soll nur einen groben Überblick über das kommende Jahr schaffen. Hast du zum Beispiel eine Kreuzfahrt durchs Mittelmeer geplant, dann lege einfach den Zeitpunkt fest, wann dieses Event stattfinden soll. Vertiefe dich aber jetzt nicht in Angebote von Kreuzfahrtunternehmen und recherchiere auch nicht die günstigsten Angebote heraus. Dazu ist jetzt nicht der richtige Zeitpunkt! Konzentriere dich weiter auf die Jahresplanung und den nächsten Schritt!

Schritt 4: Welche Projekte oder Ziele will ich im kommenden Jahr realisieren

Nun ist es an der Zeit, sich Gedanken darüber zu machen, was im kommenden Jahr alles passieren soll. Welche Projekte willst du realisieren? Welche Ziele erreichen?

Immer wenn mir ein neues Projekt oder Ziel einfällt, dann speichere ich das in meinem Evernote-„Ideen & Inspirationen"- Notizbuch. Dieses Notizbuch öffne ich in diesem vierten Schritt. Ebenso wie bei der Bucketlist überarbeite ich nun auch diese Liste. Das bedeutet, alle Ziele und Projekte, die nicht mehr aktuell sind und die ich nicht weiterverfolgen will, werden aus diesem Notizbuch gelöscht.

Von alledem, was nun noch übrig bleibt, wähle ich jene Projekte und Ziele aus, die ich im kommenden Jahr realisieren will.

Auch hier sind natürlich einige Hürden zu nehmen. Du wirst zu diesem Zeitpunkt, an dem du diese Liste öffnest, sehr motiviert sein. Achte daher darauf, dir nicht zu viel zuzumuten. Das ist ein häufiger Fehler, wenn man zum ersten Mal eine Jahresplanung macht. Ich empfehle dir daher, die Latte sehr niedrig anzusetzen. Bist du im Oktober mit all deinen Projekten, die du dir vorgenommen hast, schon fertig, kannst du dieses Notizbuch immer noch öffnen und ein weiteres Projekt hervorkramen. Es gibt allerdings nichts Demotivierenderes, als im Dezember da zu stehen und bei der Reflexion draufzukommen, dass man nicht einmal die Hälfte seiner Projekte umsetzen konnte.

Mach dir einfach Gedanken darüber, was du am Jahresende alles erreicht haben willst. Dazu zählen nicht nur Projekte, sondern es gehört auch eine Karriereplanung dazu. Wo willst du am Ende des Jahres stehen? Welche Position willst du innehaben? All diese Fragen solltest du schon am Beginn des Jahres näher definieren, um die entsprechenden Schritte der Umsetzung während des Jahres setzen zu können.

Schritt 5: Finde das WARUM hinter diesen Zielen und Projekten

Warum willst du ein gewisses Ziel erreichen? Warum willst du ein Projekt umsetzen? In diesem fünften Schritt kontrollierst du, ob es dir mit dem Ziel wirklich ernst ist. Hinterfrage daher die Motivation hinter diesem Ziel oder hinter einem Projekt. Was steckt dahinter? Warum will ich ausgerechnet dieses Projekt heuer umsetzen?

Wer das Warum kennt, der erträgt jedes Wie! Kennst du also dein „Warum", wird es dich magnetisch anziehen. Das ist natürlich ein großer Vorteil, den du im weiteren Verlauf der Umsetzung noch sehr zu schätzen lernen wirst.
Wenn du das Warum hinter einem Ziel oder einem Projekt nicht erkennst, dann solltest du es lieber von der Liste streichen und stattdessen ein anderes nehmen.

Dieser Kontrollschritt ist ungemein wichtig, denn so verhinderst du, dass du Projekte beginnst, aber nicht zu Ende führst. Gehe daher in diesem Schritt sehr gewissenhaft vor und lass dir die nötige Zeit, alle deine Motive hinter einem Projekt zu finden.

Ein paar Tipps zur Umsetzung der Jahresplanung
Nimm dir für die Jahresplanung ruhig eine ganze Woche Zeit. Am besten planst du das kommende Jahr in einem ausgeruhten und erholten Zustand. Ich würde die Jahresplanung auf keinen Fall nur schnell und hektisch hinschreiben. Dazu benötigt man Ruhe und Zeit. Am besten ist natürlich, wenn du die Jahresplanung während eines Urlaubes angehen könntest. Ein schöner Ski-Urlaub oder ein Thermenurlaub bietet sich zu Jahresbeginn natürlich an. Das hat den weiteren Vorteil, dass ein Tapetenwechsel der Kreativität immer guttut.

Veröffentliche deine Ziele, denn so machst du sie verbindlich. Erzähle deiner Familie und Freunden davon, veröffentliche sie auf Facebook, schreibe in deinem Blog darüber oder male ein Plakat und hänge es in deiner Wohnung auf. Je mehr Leute du darüber informierst, umso verbindlicher wird das Ziel für dich werden. Wichtig ist außerdem, dass du alle deine Ziele niederschreibst. Hänge sie im Anschluss gut sichtbar in deinem Büro auf. So wirst du täglich daran erinnert und deine Motivation, diese Ziele zu verfolgen, wird hoch bleiben.

Projektplanung

Nachdem die Jahresplanung abgeschlossen ist, kannst du dich nun auf das erste Projekt konzentrieren. Meine Empfehlung lautet: Beginne mit der Projektplanung erst kurz vor Projektbeginn. Am liebsten würde man im Laufe der Jahresplanung gleich auch alle Projekte genau durchplanen. Das ist aber in den meisten Fällen nicht sinnvoll, denn bis das Projekt im Oktober beginnt, kann sich noch so viel ändern, dass sämtliche Planungen über den Haufen geworfen werden müssen. Das wäre nur verlorene Zeit! Ich plane alle meine Projekte in den folgenden fünf Schritten:

Schritt 1: Zweck und Absicht des Projektes feststellen
Was beabsichtigst du mit diesem Projekt? Was bezweckst du mit diesem Projekt? Auch hier steht wieder die Frage nach dem „Warum" im Vordergrund. Ich weiß, wir haben das natürlich schon in der Jahresplanung berücksichtigt. Trotzdem empfehle ich dir, diesen Schritt zu wiederholen. Von der Jahresplanung im Januar bis hin zum Projektbeginn im Oktober kann sich sehr viel ändern.

So sicherst du dich ab, dass die Motivation für dieses Projekt auch noch vorhanden ist, wenn du damit beginnst. Worst-Case-Szenario wäre, wenn du irgendwo dann am Motivationsmangel scheiterst.

Schritt 2: Brainstorming
Schreibe einfach alle Punkte auf, die dir zu diesem Projekt einfallen. Ich nutze dazu Mindmaps. So kann ich meine Gedanken sehr schön strukturieren.

Viele meiner Klienten tun sich aber leichter, erst einmal eine Liste mit allen Punkten aus dem Brainstorming zu erstellen. In weiterer Folge sortieren sie dann diese Punkte in Form von Mindmaps.

Finde einfach heraus, wie es für dich am besten ist. Lass dir aber für diesen Schritt genügend Zeit, denn je intensiver du hier vorgehst, umso besser wird dein Projekt am Ende werden.

Schritt 3: Organisation
Nun gilt es, alles richtig einzuteilen. Was muss wann erledigt werden? Was hat Priorität? Mit welchen Abschnitten muss ich beginnen? Welche Abläufe sind optimal?

Nun geht es also um die Einzelheiten. Daher solltest du diese Fragen so genau wie möglich beantworten, denn dann wirst du dich im folgenden Schritt sehr leichttun.

Schritt 4: Die nächsten Schritte
Erstelle nun eine genaue Liste der nächsten Schritte. Was muss vom Beginn des Projektes bis zum Ende des Projektes alles gemacht werden? Liste jeden einzelnen Schritt, der im Moment schon absehbar ist, genau auf.

Je genauer diese Liste ist, umso produktiver und effizienter wirst du im Anschluss arbeiten. Es gibt nichts, das den Arbeitsablauf mehr stört, als sich ständig Gedanken darüber machen zu müssen, was nun der nächste Schritt ist.

Anhand dieser Liste hast du einen genauen Ablaufplan für dein Projekt zur Verfügung, an den du dich jederzeit halten kannst.

Es ist natürlich klar, dass zu Projektbeginn, also in der Planungsphase, noch nicht alle Schritte exakt absehbar sind. Das bedeutet, dass du während des Projektes dann nachjustieren musst. Trotzdem ist es von enormer Wichtigkeit, diese Liste möglichst exakt zu führen. Je weniger du diese Liste im Laufe des Projektes korrigieren musst, umso schneller wirst du mit dem Projekt fertig sein.

Dieser vierte Schritt ist also nichts anderes als eine Step-by-Step-Anleitung für dein Projekt. Ich lasse mir für diesen Schritt besonders viel Zeit und gehe sehr genau ins Detail.

Schritt 5: Durchführen

Nun hast du alles beisammen, was für eine erfolgreiche Durchführung deines Projektes notwendig ist. Jetzt heißt es nur noch den Startschuss geben und losspringen.

Oftmals ist man verführt, diesen Schritt der Projektplanung nur möglichst schnell durchführen zu wollen. Der Grund ist denkbar simpel: Zu Beginn jedes Projektes bist du hoch motiviert und willst natürlich möglichst schnell in die Umsetzung kommen.

Ich empfehle dir aber trotzdem, dir für diesen Schritt extrem viel Zeit zu lassen. Diese in die Planung investierte Zeit wirst du während der Umsetzung doppelt und dreifach wieder zurückgewinnen.

Monatsplanung

Die Monatsplanung ist für mich ein Zwischenschritt von der Jahresplanung zur Wochen- bzw. Tagesplanung. Sie findet jeweils am Monatsletzten statt und ich gehe dabei folgendermaßen vor:

Meine Monats-Checkliste
Ich arbeite sehr viel mit Checklisten, weil sie die Arbeit immens erleichtern. Ich möchte dir hier nun meine Checkliste vorstellen, will dich aber darauf hinweisen, dass du diese Checkliste natürlich an deine Bedürfnisse anpassen musst.

Termine:
Zunächst überprüfe ich einmal, welche Geburtstage, Todestage oder Jahrestage im kommenden Monat anstehen. Das ist insofern sinnvoll, da du möglicherweise einige Dinge für diese Tage zu erledigen hast (zum Beispiel ein Geburtstagsgeschenk kaufen).

In weiterer Folge plane ich dann folgende Termine für den gesamten Monat: Urlaube, Arzt-Termine, Friedhofsbesuche, Wohnung putzen (Putzfrau) und Ähnliches. Im nächsten Schritt übertrage ich meinen kompletten Dienstplan meines unselbstständigen Berufes in den Kalender.

Wichtige Arbeiten:
Hier geht es vor allem darum, Dinge zu sichern. So sichere ich zum Beispiel meine kompletten E-Mail-Adressen einmal pro Monat. Auch meine Evernote-Notizen werden einmal im Monat exportiert und speziell gesichert. So stelle ich sicher, dass ich auch bei Verlust meines Mobiltelefones bzw. meines Laptops in der Lage bin, sinnvoll weiterzuarbeiten.

Die Daten auf meiner Festplatte brauche ich nicht zu sichern, da ich in diesem Fall mit Cloud-Computing arbeite. Solltest du das nicht tun, ist es natürlich ebenfalls empfehlenswert, eine

Sicherungskopie deiner Festplatte zu erstellen.

Finanzen:
Am Monatsende überprüfe ich alles, was meine Finanzen betrifft. Dazu gehören alle Konten und Kontoauszüge, Überweisungen sowie meine Anlageformen.
Weiter erstelle ich am Monatsende meine Einnahmen-Ausgaben-Rechnung.

Nötige Überweisungen auf ein Sparkonto werden ebenfalls an diesem Zeitpunkt erledigt.

Ziele und Projekte:
Nun kommen wir vermutlich zum spannendsten Teil, denn nun heißt es, die Aufgaben für den kommenden Monat zu definieren. Dazu sehe ich mir einmal an, wie weit ich mit welchem Projekt bin. Du wirst selten in der glücklichen Lage sein, an nur einem einzigen Projekt arbeiten zu müssen bzw. zu können. Daher würde ich vorschlagen, dass du nun die Liste der nächsten Schritte zur Hand nimmst, die du bei der Projektplanung erstellt hast.

Dort hast du sicherlich schon alles abgehakt, was erledigt ist. Nun gilt es, jene Dinge zu definieren, die du im kommenden Monat realisieren willst.

Ich nehme in diesem Fall zu jedem Projekt die Liste der nächsten Schritte zur Hand, die ich in Evernote gespeichert habe. All jene Punkte, die ich im kommenden Monat realisieren will, markiere ich mit grüner Farbe. Alternativ dazu kannst du sie natürlich auch in deinen Monatsplan kopieren.

Auch hier ist es natürlich sehr wichtig, dich nicht zu überfordern. Plane lieber den einen oder anderen Punkt weniger ein, als am Ende des Monats noch 30 Punkte unerledigt auf der Liste zu haben.

Monatliche Routinearbeiten:
Dazu gehören in meinem Fall viele Tätigkeiten, die meinen Blog betreffen. Zum Beispiel: Mediakit aktualisieren, einzelne Seiten und Artikel optimieren, festlegen, welche Gastartikel ich schreiben will, Ideen für neue Produkte sammeln, Leserwünsche auswerten, Google Analytics auswerten, Backlinks auswerten und vieles mehr.

Wenn du all diese Punkte ausgeführt hast, bist du für den kommenden Monat gut gerüstet. Du siehst, dass so eine Monatsplanung gar nicht viel Zeit in Anspruch nehmen muss. In der Regel bin ich in ca. 1 Stunde damit fertig.

Wochenplanung

In diesem Abschnitt möchte ich dir vorstellen, wie ich bei der Wochenplanung vorgehe. Auch hier gilt natürlich wieder: Passe es einfach an deine Bedürfnisse an.

Dauer und Effizienz
In der Regel brauche ich für die Wochenplanung so zwischen 15 und maximal 30 Minuten. Klar, mittlerweile ist das schon eine Routine-Arbeit und dementsprechend schnell bin ich damit fertig. Allerdings hat das auch damit zu tun, dass ich dafür schon jede Menge Vorarbeiten geleistet habe. So habe ich zum Beispiel meine Projekte schon in die „Liste der nächsten Schritte" unterteilt und auch schon eine Monatsplanung erstellt. So brauche ich diese Punkte nur noch in die Wochenplanung kopieren.

Meine Wochenplanung als Template in Evernote
Ein Template ist nichts anderes als eine Vorlage, die man dann kopiert und so immer wieder verwenden kann. So eine Vorlage habe ich in Evernote erstellt, somit ist auch klar, dass ich die gesamte Wochenplanung in Evernote mache.

Wie sieht nun so eine Vorlage aus?
Meine Vorlage für die Wochenplanung stelle ich dir in den Bonus-Tools dieses Buches zur Verfügung.

Zunächst einmal habe ich die Vorlage in die einzelnen Tage (Montag bis Sonntag) unterteilt. Die einzelnen Tage sind dann aber nochmals unterteilt, und zwar in Termine und in To-dos.

Außerdem habe ich in dieser Vorlage auch schon alle fixen Termine (z. B. Team-Meeting jeden Dienstagvormittag) und auch alle fixen To-dos (z. B. jeden Donnerstag Newsletter schreiben) eingetragen.

Dadurch, dass diese Dinge schon auf der Vorlage stehen,

brauche ich sie nicht Woche für Woche eintragen.

Wie erstelle ich meinen Wochenplan?
Ich unterteile die Wochenplanung in mehrere sinnvolle Schritte, die mir die Planung massiv erleichtern.

Schritt 1: Fixe Termine übertragen
Meine Terminplanung geschieht natürlich im Google-Kalender, trotzdem übertrage ich die Termine in meine Wochenplanung. Das hat mehrere Gründe:

- Es ist übersichtlicher.
- Ich muss nicht immer zwischen dem Google-Kalender und Evernote hin und her switchen.
- Es erleichtert mir die Planung meiner To-dos und Aufgaben.

Habe ich alle Termine auf einen Blick, kann ich sehr gut einschätzen, wie viele To-dos, Aufgaben und andere Termine ich am entsprechenden Tag noch unterbringe.

Schritt 2: Flexible Termine planen
Im Gegensatz zu den fixen Terminen kann ich mir diese flexiblen Termine wesentlich besser und einfacher einteilen. In meinem Fall handelt es sich hierbei um Dinge wie:

- Fitnesscenter und Sport
- Familie und Freunde
- Erholung und Entspannung

Diese Termine plane ich gleich nach den fixen Terminen ein, weil sie sich möglicherweise ganz gut ergänzen lassen.
Außerdem behandle ich sie vor den To-dos und Aufgaben, weil mir all diese Dinge sehr wichtig sind.

Schritt 3: Ergänze deine To-dos und Aufgaben
Nun nehme ich mir meine laufenden Projekte zur Hand (die

ich ja idealerweise auch in Evernote manage) und übertrage die nächsten Schritte, die bei jedem einzelnen Projekt anstehen, in meine Wochenplanung. Wenn du die Liste der einzelnen Schritte zu jedem Projekt auch in die Monatsplanung kopiert hast, kannst du sie auch von da übernehmen.

Außerdem muss ich natürlich auch auf die laufenden Aufgaben achten, denn auch die wollen natürlich nicht vernachlässigt werden.

So landet alles, Projekt für Projekt und Aufgabe für Aufgabe, in der Wochenplanung.

Worauf ich bei der Planung besonders achte

Priorität haben natürlich die fixen Termine, gefolgt von den flexiblen Terminen. Beim nächsten Schritt, nämlich die Anzahl der To-dos und Aufgaben, die ich neben diesen Terminen an einem Tag noch unterbringe, achte ich aber auch auf eine gewisse Pufferzeit.

Das bedeutet, ich pflastere nicht meinen gesamten Arbeitstag mit diesen Aufgaben zu, sondern ich lasse mir zwischen 25 % und 50 % an Pufferzeit zur freien Verfügung. Diese Zeit ist dann im Speziellen für unvorhergesehene Dinge, die im Laufe eines Tages oder einer Woche immer wieder auftreten, reserviert. Ganz egal, ob dann plötzliche Termine, To-dos, die sofort erledigt werden müssen, oder Aufgaben, die nicht aufschiebbar sind, plötzlich auftreten, ich bin nicht überrascht, sondern hab mir die nötigen Zeitressourcen frei gelassen.

Diese Vorgehensweise macht mich nicht nur flexibler, sondern auch wesentlich motivierter. Denn plane ich diese Pufferzeit nicht ein, werden trotzdem unvorhergesehene Dinge auftauchen, die erledigt werden wollen. Das wiederum hat zur Folge, dass ich es nicht schaffe, alle To-dos zu erledigen, und so frustriert bin, weil die Liste an unerledigten Dingen von

Wochentag zu Wochentag immer länger wird. Denn wir verschieben natürlich Tag für Tag unsere nicht erledigten Punkte auf den Folgetag.
Und wenn nichts Unvorhergesehenes passiert?
In diesem Fall ziehe ich ein To-do vom morgigen Tag vor und arbeite es ab. Oder aber ich nehme mir den restlichen Tag frei und mache was Angenehmes. In der Regel bleib ich aber dran und arbeite weiter an meinen Projekten, denn je früher die fertig sind umso besser.

Wochenplanung ohne Tagesplanung
Wie du siehst, habe ich in meiner Wochenplanung eigentlich die Tagesplanung schon implementiert. Ich werde zwar im folgenden Abschnitt auch die Tagesplanung noch erklären, aber wenn du kein Manager mit Hunderten Terminen pro Tag bist, dann wird dir in der Regel die Wochenplanung genügen.
Für mich persönlich reicht die Wochenplanung und daher gehe ich in dieser schon sehr ins Detail. Ich empfehle dir trotzdem, den nächsten Abschnitt der Tagesplanung genau durchzulesen, denn so wirst du einige Dinge erfahren, die auch für die Wochenplanung von Wichtigkeit sind.

Tagesplanung

Ich möchte dir in diesem Abschnitt drei Methoden vorstellen, die du zur Tagesplanung, aber auch natürlich auch zu allen anderen Planungen anwenden kannst.

Selbstverständlich kannst du jede dieser drei Methoden auch einzeln anwenden, ich werde dir aber im Praxisteil beweisen, warum es Sinn macht, alle drei kombiniert zu verwenden.

1. Eisenhower-Matrix
Das Geniale an der Eisenhower-Matrix ist, dass sie dich sehr leicht zwischen wichtigen und unwichtigen Dingen unterscheiden lässt. Aber nicht nur das, denn sie hilft dir auch, dich nicht von Dringlichkeiten beeinflussen zu lassen. Denn nur weil etwas dringend ist, muss es nicht automatisch wichtig sein.

Sinn und Zweck der Eisenhower-Matrix ist es, dass du dir darüber im Klaren wirst, welches To-do dich wirklich weiterbringt und welche To-dos dir das nur vorspielen wollen.

Hier einmal ein Blick auf die Eisenhower-Matrix:

Wichtig und dringend:
Kurzfristig haben diese Dinge Vorfahrt, sei dir aber stets darüber im Klaren, dass sie deine Projekte möglicherweise nicht wirklich voranbringen.

Die Steuerabrechnung ist zum Beispiel eines dieser wichtigen To-dos und es kann natürlich auch dringend sein, denn das Finanzamt setzt gewisse Fristen. Auf mein neuestes Buchprojekt hat dieses To-do keinen wirklichen Einfluss und auf meine zukünftigen Aufgaben ebenso wenig. Dennoch muss es sofort erledigt werden.

Wichtig und nicht dringend:
Das ist der wirklich wichtige Bereich dieser Matrix und dafür solltest du unbedingt genügend Zeit in deinem Tagesplan berücksichtigen. In diesem Punkt sind deine wichtigen To-dos versteckt, jene, die dich weiterbringen und die deinen Projekten so richtig Schub verleihen.

Hier stehen beispielsweise alle meine To-dos jener Projekte drinnen, die ich verwirklichen will. Das Problem dieser Spalte ist die fehlende Dringlichkeit. Dadurch nehmen wir sie nicht so wichtig, was aber ein grundlegender Fehler ist, den ich leider auch immer wieder begehe.

Wenn du lange genug wartest, werden die Dinge darin auch dringlich, jedoch ist es die große Kunst einer guten Planung, dies zu vermeiden!

Nicht wichtig und dringend:
Für diesen Bereich gibt es zwei Möglichkeiten:

1. So schnell wie möglich selbst abarbeiten.
2. Delegieren/Outsourcen.

Nicht wichtig und nicht dringend:
To-dos, die hier stehen, sind es in der Regel nicht wert, abgearbeitet zu werden. Du kannst sie ohne Weiteres von der

Liste streichen und auch zukünftig eliminieren.

2. Der Bio-Rhythmus

Wann bist du am produktivsten? Für welche Arbeiten brauchst du viel Energie, für welche wenig? Wann bist du am fittesten, wann am ausgelaugtesten?

All das sind Fragen, deren Antworten sich extrem auf deine Tagesplanung auswirken sollten. Ich möchte dir ein paar Beispiele geben:

Ich stehe sehr zeitig auf und bin auch sehr schnell fit und auf Betriebstemperatur. Daher beginne ich den Tag nicht damit, meine E-Mails abzuarbeiten, sondern mit einem anspruchsvollen To-do auf meiner Liste.

Demgegenüber bin ich zum Beispiel nach dem Mittagessen ziemlich geschlaucht. Also arbeite ich zu dieser Zeit weniger anspruchsvolle Dinge ab. Du solltest also wissen, wann du am leistungsfähigsten bist und wann das Gegenteil davon der Fall ist.

3. Eat the frog

Diese Thematik kommt von Brian Tracy und bedeutet nichts anderes, als dass du die wichtigste oder unangenehmste Aufgabe immer zuerst erledigen solltest.
Hast du diese wichtige oder extrem unangenehme Aufgabe einmal erledigt, geht alles andere ganz leicht von der Hand. Somit wird dein Tag entspannter und du schaffst wesentlich mehr, als wenn du zuerst alle andere To-dos abarbeitest und immer dieses wichtige und unangenehme To-do im Hinterkopf hast.

Der Schritt in die Praxis

Nachdem wir mit diesen drei Strategien nun einiges an Theorie mitgenommen haben, machen wir nun den Schritt in die Praxis.

Zeitressourcen:
Wie viel Zeit habe ich wann für was? Habe ich Fix-Termine? Wo kann ich was erledigen?
Bevor du an den Start gehst, musst du dir zunächst einmal ansehen, wie viel freie Zeit dir überhaupt zur Verfügung steht. Wenn du von 08.00-16.00 Uhr mit Meetings vollgestopft bist, wirst du schwer noch große andere To-dos unterbringen. Mach dir also vorher Gedanken über deine Zeitressourcen und beginne dann erst mit der weiteren Planung!

Zeiteinteilung:
Ich empfehle dir (zumindest zu Beginn) die Erstellung eines Stundenplanes. In diesen Stundenplan trägst du dann die bereits fixierten Termine wie Meetings oder Kundengespräche ein.

Alle offenen Timeslots kannst du dann mit To-dos belegen.
Die Erstellung eines Stundenplanes oder das Arbeiten mit Timeslots hat einen weiteren wichtigen Vorteil: Du schaffst dir damit ein Zeitlimit für jede Aufgabe und hast daher keine große Zeit dich zu verzetteln.

Wann erstellen?
Auch wenn es verlockend ist, erstelle deine Tages-To-do-Liste nicht eine Woche im Voraus. Damit bist du einfach zu unflexibel. In einer Woche kann sich noch sehr viel ändern, daher empfehle ich dir, frühestens am Vorabend den kommenden Tag zu planen.

Ich mache es so, dass ich am Vorabend nur mein „Eat the frog"-To-do festlege und den restlichen Zeitplan, erst nachdem ich dieses To-do am kommenden Tag erledigt habe, erstelle.

Templates
Aus Effizienz- und Produktivitäts-Gründen empfehle ich dir

auch hier das Arbeiten mit Templates.

Erstelle dir einfach für jeden Wochentag eine Vorlage. In diese Vorlage kannst du deine Fix-Termine nämlich schon eintragen. Zum Beispiel wöchentliche Team-Meetings oder das Fußballtraining deines Sohnes, das dreimal wöchentlich stattfindet.

Mentales

Schaffe dir auch die Möglichkeit, diese Liste abzuhaken oder Erledigtes durchzustreichen. Du ahnst nicht, wie motivierend es sein kann, wenn deine To-dos auf dieser Liste immer weniger und weniger werden und am Ende des Tages gar keines mehr draufsteht.

Hast du deine Vorgaben erfüllt und alle To-dos erledigt, darfst du dir natürlich eine kleine Belohnung gönnen.

Dein Ablaufplan

Okay, nun haben wir einiges an Theorie und teilweise auch Praxis durchgearbeitet, nun gilt es, das alles in eine Form zu gießen:

1. Trage alles in die Eisenhower-Matrix ein: Zumindest zu Beginn würde ich dir diese Vorgehensweise empfehlen. Wenn du dieses System einige Wochen angewendet hast, wirst du vermutlich auch ohne die Matrix vor Augen erkennen, welches deiner To-dos in welche Kategorie fällt. Bei mir funktioniert das mittlerweile schon ganz automatisch.
2. Bestimme die „Eat the frog"-Aufgabe: Welche all dieser Aufgaben ist dir die unangenehmste oder welche davon ist die wichtigste (nicht die dringendste!!!!).
3. Trage alle schon fixierten Termine in die Timeslots ein: Nun kommt dein Stundenplan an die Reihe. Zunächst einmal müssen wir dazu alle Termine genau

eintragen, um einen Überblick zu erhalten, wie viel freie Zeit uns zur Abarbeitung der restlichen To-do-Liste noch bleibt.

4. Plane deine To-dos ein: Nach den Fix-Terminen sind nun die To-dos deiner Eisenhower-Matrix dran. Nutze die freien Timeslots, um die Spalten „wichtig & dringend" sowie „wichtig & nicht dringend" unterzubekommen. Erst ganz am Ende des Tages würde ich mich um „dringend & nicht wichtig" kümmern.
5. Plane Pausen ein: Die Gefahr dieser Timeslots ist, alles vollzustopfen. Vergiss daher nicht regelmäßige Pausen einzuplanen, denn nur so bleibst du produktiv.
6. Bedenke Pufferzeiten: Neben Pausen ist es von eminenter Wichtigkeit Pufferzeiten für unvorhergesehene Dinge zu berücksichtigen. Immer wieder werden im Laufe des Tages neue Aufgaben dazukommen, die möglicherweise noch am selben Tag abgearbeitet werden wollen. Lass dir für solche Aufgaben genügend Freiraum. Kommt überraschenderweise mal keine rein, kannst du die Freizeit genießen oder ein To-do des kommenden Tages vorziehen.

Mein Ablaufplan

Oder genauer gesagt: Einer meiner Ablaufpläne, denn ich bin da sehr flexibel und habe mehrere. Natürlich werden nur an einem optimalen Tag all diese To-dos umgesetzt. Klarerweise gibt es auch bei mir Arbeitstage und Termine, die verhindern, dass ich es schaffe, alle diese To-dos umzusetzen.

So sieht ein optimaler Tag bei mir aus:

1. Eat the frog: Die erste Aufgabe des Tages kommt aus dem Bereich „Ich hasse dich". Es ist jene Aufgabe, die besonders herausfordernd ist. Diese Art von

Aufgaben, die du am liebsten von einem auf den nächsten Tag verschieben würdest. Nicht immer gibt es so eine Aufgabe (zum Glück). Aber für den Fall, dass es sie gibt, wird sie sofort abgearbeitet. Ist sie mal erledigt, kann ich völlig frei durchatmen, da ich weiß, dass jetzt nur noch angenehmere Aufgaben kommen.

2. Aufgabe „wichtig & nicht dringend“: In der Regel hat diese Aufgabe mit Schreiben zu tun. Entweder schreibe ich, wie jetzt gerade, ein Buch-Kapitel oder ich schreibe an meinem neuen Buch. Beides ist in der Regel nicht dringend, aber für mich sehr wichtig, da ich darauf mein zukünftiges Leben aufbauen will! Außerdem passt das gut zu meinem Bio-Rhythmus, denn ich bin früh morgens und vormittags am Kreativsten. Da schreibe ich besonders gerne.
3. Aufgabe „wichtig & dingend“: Es kann sehr gut sein, dass zumindest ein Ding in dieser Spalte wichtig und dringend schon die „Eat the frog“-Aufgabe war. Wie auch immer, diese Aufgaben werden gleich nach meiner kreativen Zeit erledigt.
4. Mails checken, Anrufe erledigen, kleinere Arbeiten machen, Routineaufgaben.
5. Sport: Sport erledige ich in der Regel vor der Mittagspause oder am Nachmittag. Daher wirst du später noch einmal Sport in Klammern geschrieben finden.
6. Mittagspause
7. Recherche erledigen, Lesen, am Blog arbeiten, PDFs erstellen: Das sind Arbeiten, denen ich in meiner Tiefphase des Tages gewachsen bin und die sich auch mit niedrigem Energielevel gut erledigen lassen.
8. (Sport)
9. Mails checken, Anrufe erledigen, kleinere Arbeiten machen, Routineaufgaben.
10. Podcast aufnehmen, Lesen, Recherche.
11. Freizeit.
12. Mails checken, Anrufe erledigen

13. „EAT THE FROG“ für den kommenden Morgen festlegen

So weit also meine optimale Tagesplanung, wenn ich den Tag zu Hause verbringe und keine sonstigen Termine habe.

Versuche einfach in den kommenden 30-60 Tagen mit so einer Planung zu arbeiten. Anfangs wird es einige Zeit in Anspruch nehmen, aber je mehr du dieses System verinnerlichst, umso schneller wirst du es erledigt haben. Mach es dir einfach zur Gewohnheit, deinen Tag optimal zu planen!

Arbeitsaufgaben

Aufgabe 1

Erstelle eine Jahresplanung:

1. Reflektiere das vergangene Jahr.
2. Überarbeite deine Werte.
3. Überarbeite deine Bucketlist.
4. Entscheide, welche Projekte und Ziele du im kommenden Jahr realisieren willst.
5. Finde das WARUM hinter deinen Zielen.

Aufgabe 2

Erstelle deine Monats-Checkliste!

Aufgabe 3

Lade dir die Vorlage für die Wochenplanung aus den Bonus-Tools herunter und erstelle eine Planung für die kommende Woche.

Aufgabe 4:

Erstelle eine Tagesplanung für den morgigen Tag anhand dieser Liste:

1. Trage alle anstehenden Aufgaben in die Eisenhower-Matrix ein.
2. Bestimme die „Eat the frog"-Aufgabe.
3. Trage alle schon fixierten Termine in die Timeslots ein.
4. Plane deine To-dos aus der Eisenhower-Matrix in die freien Timeslots ein.
5. Plane Pausen ein.
6. Bedenke Pufferzeiten.

Effizienter und produktiver Arbeiten

Raus aus der Fremdsteuerung – Chef, Mitarbeiter, Kunden

Der Chef lässt dir keinen Freiraum, Mitarbeiter und Kollegen stören ununterbrochen deinen Arbeitsfluss, Kunden nerven dich wegen jeder Kleinigkeit! So geht es vielen Menschen, du stehst also nicht alleine mit diesem Problem da. Daher möchte ich dir in diesem Abschnitt ein paar Tipps geben, wie du dich ein wenig aus der Umklammerung und der Fremdsteuerung lösen kannst.

Raus aus der Umklammerung
Du willst ein neues Projekt beginnen, dir die Zeit in der Firma selbst einteilen, teilweise von zu Hause arbeiten oder schlicht und einfach mehr Zeit für die wichtigen Projekte und Arbeiten haben?

Dieser Abschnitt soll ein Kickstart für dich sein, um endlich mehr Freiheiten in deinem beruflichen Umfeld zu erlangen.
Dir macht deine Arbeit prinzipiell Spaß, allerdings hast du zu wenige Freiheiten, um dich und dein Potenzial entfalten zu können? Dann möchte ich dir hier ein paar Tipps mitgeben, wie du das ändern kannst:

Der Umgang mit Hierarchie und den Bossen
Das ist der wichtigste Ansatz und ein Hebel für alle Tipps und Tricks, die ich dir zu diesem Thema hier noch geben kann. Du musst unbedingt versuchen, dich in deinen Vorgesetzten hineinzuversetzen. Lerne, die Dinge aus seiner Sicht zu sehen, denn nur so kannst du die richtigen Worte für deinen Wunsch finden und Gegenargumente schon im Vorfeld ausschließen.

Manage deinen Boss!

Wie?

- Achte auf seine Stimmung und äußere deine Wünsche, wenn er gut drauf ist. Das richtige Timing macht es aus.
- Verwende seine Worte und mach seine Argumente zu deinen Waffen.
- Achte auf seine Körpersprache und versuch ihn, wenn möglich, zu spiegeln!
- Beachte, wie er in ähnlichen Fällen bisher entschieden hat.
- Analysiere seinen Charakter und seine bisher getroffenen Entscheidungen.
- Finde seine Stärken und Schwächen heraus und nutze beides für dich.

Erkläre deinem Chef die Vorteile:
Nehmen wir einmal an, du willst für zwei Stunden pro Tag keinerlei Störungen, um in aller Ruhe an deinen Projekten arbeiten zu können. Das bedeutet keine Mails, kein Außenkontakt, kein Telefon und eine verschlossene Bürotüre. Welche Vorteile könnte dein Chef davon haben? Du bist möglicherweise doppelt so produktiv als unter normalen Umständen mit ständigen Störungen.

Vielleicht hat dein Chef in letzter Zeit einmal von dir und deinen Kollegen mehr Effizienz und Produktivität verlangt, dann verwende dieses Argument und mach seine Argumente zu deinen Waffen. Es macht sicher auch Sinn, wenn du deine Behauptung „doppelt so produktiv zu sein" mit Statistiken, Zeitungsausschnitten oder Untersuchungen belegst. Welcher Chef kann da dann noch Nein sagen?

Trau dich: Mehr als ein NEIN kann nicht passieren!
Immer wieder erlebe ich, dass sich Mitarbeiter nicht trauen, ihrem Chef gegenüber eine Bitte oder einen Wunsch zu äußern. Warum, verstehe ich nicht, denn das Worst-Case-

Szenario ist ohnehin „nur", dass er Nein dazu sagt.

Und selbst wenn er Nein zu deiner Idee sagt, bleib am Ball. Versuch es nach einiger Zeit noch einmal mit einer anderen oder leicht veränderten Idee. Anstatt zwei Stunden tagsüber keine Störungen zu verlangen, könntest du vorschlagen schon zwei Stunden früher beginnen zu dürfen, um die morgendliche Ruhe zu nutzen.

Verkaufe deinem Chef die Idee so, als wäre es seine
„Sie sagten doch in der letzten Besprechung, dass wir an unserer Effizienz arbeiten müssen. Ich habe mir über Ihre Worte Gedanken gemacht und hätte eine Idee dazu! Vermutlich haben Sie ja auch schon daran gedacht, aber was halten Sie von …?"

Glaube mir, Formulierungen wie diese wirken Wunder! Erstens fühlt sich dein Boss geschmeichelt, weil du über seine Kritik nachgedacht hast. Das alleine macht schon mal einen positiven Eindruck von dir! Und zweitens wird er, auch wenn er an diese Idee noch nicht gedacht hat, das nur selten zugeben, und so deinen Wunsch genehmigen.

Sagt er Nein, biete einen Testzeitraum an
Sollte dein Boss wider Erwarten nicht zustimmen, kannst du einen Schritt zurückmachen und ihm anbieten, das Ganze unverbindlich einen Monat zu testen. Nach einem Monat wird das Ergebnis analysiert und dann kann man ja weiterschauen! Oftmals bringt diese Vorgehensweise sehr viel, denn der Chef muss sich nicht ganz festlegen, wenn er sich noch unsicher ist.

Geh in kleinen Schritten vor
Achte darauf, deinen Chef nicht zu überfordern. Wenn es dein Ziel ist, von zu Hause aus zu arbeiten, macht es vielleicht Sinn, langsam auf dieses Endziel hinzuarbeiten. Biete deinem Boss zunächst einmal einen Tag pro Woche an, den du von zu Hause aus arbeitest. Funktioniert das gut und deine

Produktivität steigert sich, kannst du nach einem Monat nachlegen und fragen, ob nicht ein zweiter oder dritter Tag möglich wäre.

So kommst du auch ans Ziel, überforderst deinen Chef aber nicht.

Fordere viel und rudere dann zurück
Ja, ich weiß, das ist das genaue Gegenteil des vorherigen Tipps. Du musst dich in deinen Chef hineindenken, um zu wissen, welche Methode die bessere ist.
Oftmals macht es auch Sinn, zuerst gleich zu verlangen, nur noch von zu Hause aus zu arbeiten. Wenn dein Chef ablehnt, bietest du ihm einen oder zwei Tage an.

Im Verhältnis zur ganzen Woche schaut dieser eine Tag nach sehr wenig aus und dein Chef lässt sich vielleicht zu dieser Lösung erweichen.

Schaffe Freiräume durch Delegieren
Vor allem, wenn du schon länger in der Firma bist, wird es möglicherweise Mitarbeiter geben, die in der Hierarchie unter dir stehen. Vielleicht bist du sogar in der glücklichen Lage eine eigene Sekretärin zu haben.

Viele geben trotzdem nicht gerne Arbeiten ab, denn die Einschulungsphase der Mitarbeiter dauert und erzeugt (zumindest kurzfristig) Mehraufwand. Langfristig hast du aber einen Zeitgewinn dadurch.

Auch der Glaubenssatz „Das kann nur ich richtig machen" hindert viele Vorgesetzte daran, Arbeiten zu delegieren.
Also überlege dir immer, ob du die Arbeit, die du gerade erledigst, nicht auch delegieren könntest.

Sammle ähnliche Arbeiten, um sie auf einmal zu erledigen
Oft genügt es auch schon, die eigene Effizienz zu verbessern.

Untersuche dazu einmal deinen eigenen Workflow. Gibt es Arbeiten, die sich sehr ähnlich sind und deren Verarbeitung gesammelt Sinn machen würde? Auch hier kannst du viel Zeit sparen und deine Produktivität massiv erhöhen.

Finde Arbeiten, die sich automatisieren lassen
Neben dem Delegieren ist es auch möglich, Arbeiten zu automatisieren. Vor allem im EDV-Bereich bzw. E-Mail-Verkehr lassen sich so viele Leerläufe verhindern.

Eliminiere unnötige Arbeiten
Wenn du schon dabei bist, deinen Workflow zu überprüfen, dann eliminiere doch auch gleich so viele Dinge wie nur möglich. Du wirst sehen, auch in diesem Bereich fallen viele Dinge an, die du eigentlich nur noch aus Routine und „weil es immer so war" abarbeitest. Finde diese Dinge und eliminiere sie.

Konzentriere dich auf das Wesentliche
Hier kommt das Pareto-Prinzip zum Tragen. 20 % des Aufwandes erzeugen 80 % des Outputs. Demgegenüber stehen dann 80 % des Aufwandes, der nur 20 % des Outputs bedeutet.

Zwei Beispiele:

- 20 % der Kunden machen 80 % des Umsatzes.
- 20 % der Mitarbeiter erledigen 80 % der Arbeit.

Konzentriere dich auf die 20 % Input, die 80 % deines Outputs generieren, und eliminiere oder vernachlässige den Rest!

Arbeite zu Zeiten, zu denen niemand im Büro ist
Ich habe das Beispiel schon weiter oben erwähnt: Früh morgens oder spät abends, wenn alle noch schlafen oder schon im Feierabend sind, ist die beste Möglichkeit ungestört und damit produktiv zu arbeiten.

Halte Meetings im Stehen ab

Solltest du Einfluss darauf haben, dann halte Meetings im Stehen ab. Ersten geht es wesentlich flotter und zweitens ist es gesünder. Du wirst überrascht sein, wie sich Mitarbeiter, die sich normalerweise sehr gerne und sehr lange reden hören, auf einmal extrem kurz halten.

Fazit

Mit diesen Tipps und Strategien solltest du es schaffen, dich aus der Umklammerung (zumindest teilweise) zu lösen. Versuche jetzt aber nicht, alles auf einmal umzusetzen, sondern step-by-step vorzugehen.

Versuchst du nämlich, alles auf einmal zu realisieren, wirst du nicht nur dein berufliches Umfeld, sondern auch dich selbst überfordern.

Aus dem Hamsterrad in die Selbstständigkeit

Dein Job kotzt dich einfach nur noch an, du willst raus aus der Umklammerung des Fremdgesteuertseins? Du willst dein eigenes Projekt starten und die ersten Schritte in Richtung Selbstständigkeit wagen? Gleichzeitig bist du noch im Hamsterrad gefangen und kannst es dir nicht erlauben oder leisten einfach zu kündigen? Das sind meine Lösungsansätze dazu:

Raus aus dem Hamsterrad
In diesem Abschnitt verrate ich dir, wie du es schaffst, das Hamsterrad in kleinen Schritten zu verlassen. Ich werde dir aufzeigen, wie du dir freie Zeit zur Realisierung deiner Projekte, ja, ich möchte sogar sagen zur Realisierung deiner Leidenschaft, schaffen kannst. Also legen wir los!

Aller Start ist schwer! Wirklich?
Eines ist klar, wenn du dich step-by-step neben deinem Job als Arbeiter oder Angestellter eines Unternehmens selbstständig machen willst, dann musst du einiges investieren. Und damit meine ich jetzt weniger das Geld, sondern vielmehr deine Freizeit.

Wie du ja weißt, bin ich neben meiner selbstständigen Tätigkeit als Blogger, Coach und Autor auch (noch) unselbstständig tätig. Ich bekomme immer wieder Fragen dazu, wie ich das mache: Das muss doch verdammt aufwendig sein? Wo nimmst du bloß die Zeit her? Wie schaffst du das quasi nebenbei?

Die Antwort gleich vorweg: Nein, es ist nicht schwer für mich!!! Ich meine, natürlich muss ich viel Zeit in meine Projekte investieren, so ein Buch schreibt sich ja nicht von alleine. Und ja, ich mache das neben einem Fulltime-Job.

ABER, es macht mir einfach riesengroßen Spaß! Ich empfinde es daher nicht als Arbeit oder als Aufwand. Vielmehr genieße ich es und freue mich immer wieder auf die Herausforderungen, die mir meine selbstständigen Aufgaben bringen.

Wenn dir das, was du nebenbei tust, auch Spaß macht, es deine Leidenschaft ist, dann wirst du es nicht als Arbeit, sondern viel eher als angenehmen Ausgleich zu deinem unselbstständigen Job empfinden.

So, nun aber genug der einleitenden Worte. Kommen wir zurück zum Thema. Ich stelle dir im Folgenden nun Tipps vor, mit denen du deine unselbstständige Arbeit und den Schritt aus dem Hamsterrad unter einen Hut bekommen kannst.

Schaffe dir Timeslots
Ziel muss es sein, dir sogenannte Timeslots zu schaffen. Darunter verstehe ich Zeiträume, die du deiner selbstständigen Arbeit widmen kannst. Natürlich können das auch Zeiträume vor oder nach deiner regulären Arbeit sein, auch Wochenenden eignen sich gut dafür.

Ich möchte dir hier aber weitere Lösungsmöglichkeiten aufzeigen. Einige sind für dich und deine momentane Situation vielleicht nicht anwendbar, aber du wirst sicher auch ein paar Tipps finden, die sehr gut zu dir und deiner Arbeit passen werden und somit für dich umsetzbar sind.

Überstunden-Zeitausgleich
Baue im Laufe der Woche Überstunden auf und konsumiere diese noch in derselben Woche. Eine Variante könnte sein, von Montag bis Donnerstag genügend Überstunden aufzubauen, um sich den Freitag frei nehmen zu können. Der Freitag ist dann dein Tag, an dem du an deiner Flucht aus dem Hamsterrad arbeitest.

Es muss aber nicht immer gleich ein ganzer Tag sein. Möglicherweise klappt es auch, dir nur einen Vormittag freinehmen zu können. Das liegt aber ganz an deinen persönlichen Bedürfnissen und natürlich auch an deinem Chef.

Umstieg auf Teilzeit

Wenn es finanziell für dich möglich ist, nutze den Umstieg auf Teilzeit. So kannst du 50 % in deinem jetzigen Job weiterarbeiten und dich zu 50 % um den Weg in die Selbstständigkeit kümmern.

Sollte es nicht klappen, hast du die Sicherheit, wieder voll einsteigen zu können. Außerdem hast du zumindest 50 % deines bisherigen Gehaltes weiter zur Verfügung und bist nicht ausschließlich vom Einkommen deiner Selbstständigkeit abhängig.

Sobald du dann genug aus Einkommen außerhalb des Hamsterrades generierst, kannst du jederzeit kündigen und dich nur noch auf deine Selbstständigkeit konzentrieren.

Arbeite im Urlaub

Vielleicht denkst du jetzt: „Was? Ich bin doch nicht blöd und arbeite im Urlaub!" Aber noch mal, wenn dir das, was du tust, Spaß macht, ist es eben nicht „arbeiten" wie in einem Hamsterrad-Job. Du tust, was deine Leidenschaft ist. Was gibt es Schöneres?

Nimm einfach deinen Laptop mit in den Urlaub und arbeite an deinen Konzepten, deinem Produkt, deiner Dienstleistung! Ja klar, wenn du mit Familie oder Freunden verreist, solltest du dir vorher das Okay und die Unterstützung holen. Du kannst zum Beispiel die Vereinbarung treffen, dass der Vormittag dir gehört und am Nachmittag gemeinsame Aktivitäten gesetzt werden!

Spare und nimm dir unbezahlten Urlaub
Hast du genug Geld zur Verfügung und dein Arbeitnehmer ist einverstanden, dann nimm dir doch ein paar Monate unbezahlten Urlaub und nutzte diese Zeit als Kickstart in ein neues Leben, in dem du deine Leidenschaft zum Beruf machst!

Versuche auf Heimarbeit umzustellen
In vielen Unternehmen ist es mittlerweile möglich, von zu Hause aus zu arbeiten. Man muss dann nur noch eine geringe Zeit tatsächlich im Büro präsent sein. Das hat nicht nur für dich als Arbeitnehmer, sondern auch für die Unternehmen Vorteile.

Der größte Vorteil für dich ist es, dass du nebenbei unbemerkt und ungestört an deiner Selbstständigkeit arbeiten kannst. Hast du diese Möglichkeit, würde ich sie unbedingt nutzen.

Blocke ein bis zwei Abende und einen Tag am Wochenende
Ich habe es in der Einleitung ja bereits erwähnt, du kommst nicht drum herum auch in deiner „Freizeit" an deinem Traum, deine Leidenschaft zum Beruf zu machen, zu arbeiten.

Nutze auch hier Timeslots! Reserviere dir an zwei Abenden drei bis vier Stunden und blocke auch einen Tag am Wochenende. So hast du um die 15 Stunden Zeit, an deinem Ziel, das Hamsterrad zu verlassen, zu arbeiten.

Arbeite im Job an deinen eigenen Projekten
Ich rufe hier natürlich nicht dazu auf, deine Firma zu schädigen, indem du an deinen privaten Projekten arbeitest, während du deinen Job tun solltest. Aber möglicherweise gibt es Leerlaufzeiten, in denen du ohnehin nichts zu tun hast. Oder du lässt einfach den Kaffee-Tratsch mit deinen Kollegen aus und arbeitest stattdessen an deinen Projekten. Nutze einfach jede freie Minute, um wieder einen Mini-Step aus dem Hamsterrad zu machen!

Nutze tote Zeiten
Fahrtzeiten in den öffentlichen Verkehrsmitteln, aber auch Wartezeiten eignen sich ideal, um Arbeiten für dich und deine Selbstständigkeit zu erledigen.
Möglicherweise handelt es sich da immer nur um 15-30 Minuten, aber wenn du diese Zeiten summierst, kommt am Monatsende trotzdem ein ziemlich großes Zeitbudget zusammen.

Arbeite in der Mittagspause
Nimm dir einfach eine Kleinigkeit zu essen mit oder nutze einen Lieferservice. Verzichte auf alle Fälle ein paar Mal pro Woche darauf, auswärts zu essen und investiere die Zeit in deine Projekte.

Bezahle klamme Kollegen dafür, deine Arbeit zu erledigen
Ja, ich weiß, dieser Tipp ist vielleicht nicht gerade fair, aber ein Bekannter von mir hat sich mit dieser Strategie drei Arbeitsstunden pro Tag freigespielt. Er bezahlt einen Kollegen einfach seinen Stundenlohn, der verrichtet seine Arbeit und alle sind zufrieden. Die Firma, weil die Arbeit erledigt wurde, derjenige, der die Arbeit tatsächlich machte, weil er sich was dazuverdienen kann, und mein Bekannter, der an seinen privaten Projekten arbeiten kann.
Also eine Win-Win-Win-Situation

Fazit
Wenn du planst, das Hamsterrad zu verlassen und mit deiner Leidenschaft Geld zu verdienen, dann ist die Strategie eines schrittweisen Ausstiegs sicher eine gute.

Mit diesen Tipps und Tricks sollte dir das leichter fallen und du solltest die nötigen Timeslots bzw. Zeitressourcen dafür locker aufstellen können.

Tipps für konzentriertes Arbeiten

Wenn du diese Tipps umsetzt, wird es dir wesentlich leichter fallen, konzentriert und fokussiert zu arbeiten. Mir ist schon klar, dass nicht jeder der Tipps für dich durchführbar sein wird, besonders wenn du unselbstständig tätig bist. Versuche aber trotzdem so viele Tipps wie möglich auszuprobieren, denn nur so kannst du herausfinden, was wirkt bzw. was nicht wirkt.

Ablenkungen vermeiden
Es gibt zwei Sorten von Ablenkungen: einerseits jene, an denen wir selbst schuld sind (zum Beispiel das Internet) und andererseits jene, bei denen wir von anderen unterbrochen werden (Telefon, Kollegen, Kunden).

Ablenkungen durch das Internet
Kurz mal die E-Mails abrufen, schnell bei Facebook oder Twitter vorbei surfen, die neuesten Nachrichten lesen oder kurz ein Online-Game spielen. Öfter, als wir denken, lassen wir uns durch das Internet ablenken.

Wenn dein Wille nicht stark genug ist, die Ablenkungen durch das Internet zu verhindern, dann gibt es drei Möglichkeiten für dich, wie du dich davor schützen kannst:

- Das E-Mail Programm schließen und sämtliche Pop-ups sowie Benachrichtigungen ausschalten. Das gilt nicht nur für den Computer, sondern auch für dein Smartphone sowie für diverse andere technische Geräte.
- Mit dem Tool Anti-Social (http://anti-social.cc/) hast du die Möglichkeit, Seiten wie Facebook und Twitter zu sperren. Du gibst einfach die Zeitdauer der Sperre ein und hast keine Möglichkeit mehr darauf zuzugreifen.
- Mit dem Tool Freedome (http://freedomapp.us/)

hast du sogar die Möglichkeit, den kompletten Zugriff zum Internet zu sperren. Auch hier kannst du die Zeitdauer der Sperre eingeben und schaltest so die Ablenkung „Internet“ komplett aus.

Ablenkungen durch das Telefon

Das Telefon gehört zu jenen Quälgeistern, die andauernd für Unterbrechungen sorgen. Diese Störungen sind natürlich Gift für deine Konzentration. Wie kann man nun aber Störungen durch das Telefon vermeiden?

Im Büro kannst du möglicherweise Telefonate für einen gewissen Zeitraum zu einem Kollegen oder deiner Sekretärin umleiten lassen. Ich habe mir in meiner alten Firma den Vormittag mit meinem Bürokollegen aufgeteilt. Von 8:00 Uhr bis 10:00 Uhr machte er Telefondienst, von 10:00 Uhr bis 12:00 Uhr war ich dran. So waren wir beide zwei Stunden vom Telefon freigespielt.

Bleibt noch das Problem der Mobiltelefone. Aber auch hier gibt es eine gute Lösung: Sowohl für Apple wie auch für Android gibt es mittlerweile gute Apps, mit denen sich Störungen vermeiden lassen. Diese Apps heißen „Call-Blocker“. Der Vorteil dieser Call-Blocker ist, dass du gewisse Anrufe durchstellen lassen kannst und alle anderen blocken kannst. Das funktioniert anhand von Blacklists (in diese gibst du ein, welche Nummern nicht zu dir vordringen dürften) und Whitelists (in dieser definierst du, wer dich erreichen kann).

So kannst du zum Beispiel einstellen, dass deine Frau, dein Chef, deine Kinder und andere wichtige Personen, dich jederzeit erreichen können. Alle anderen Anrufe werden auf die Mailbox umgeleitet. So hast du schon einmal viele Störungen ausgestaltet.

Störungen durch Kollegen

Vor allem in Großraumbüros kann das immer wieder zum

Problem werden. Kollegen, die einfach bei deinem Schreibtisch stehen und dich anquatschen.
Hier ist es sehr sinnvoll, sich im Team Regeln auszumachen. Wenn du ein eigenes Büro hast, kannst du zum Beispiel die Regel aufstellen: „Wenn die Bürotüre geschlossen ist, willst du konzentriert arbeiten. Störungen sind dann nur im Notfall erlaubt."

Im Großraumbüro könntest du zum Beispiel mit „Do not disturb"-Schildern arbeiten.
Versuch einfach mit deinen Kollegen und deinem Chef eine Lösung zu finden.

Das richtige Arbeitsumfeld schaffen
Auch ein angenehmes Arbeitsumfeld trägt natürlich sehr dazu bei, deine Konzentration über lange Zeit hochzuhalten. Dazu zählen unter anderem diese Dinge:

Ein aufgeräumter Schreibtisch:
Halte deinen Schreibtisch stets aufgeräumt. Ein fast leerer Schreibtisch stellt den Idealfall dar. Nur Dinge, die du wirklich zum Arbeiten brauchst, sollten sich darauf befinden. Das erscheint zwar nur ein kleiner Punkt zu sein, wirkt sich auf deinen Fokus aber ungemein aus.

Für Arbeiten am Computer:
Versuche auch den Desktop auf deinem Computer möglichst aufgeräumt zu halten. Öffne nur jene Programme, die du auch tatsächlich für die momentane Arbeit benötigst.
Weitere Anregungen zu diesem Thema findest du gleich im nächsten Abschnitt.

Der richtige Sound:
Auch die richtigen Umgebungsgeräusche tragen sehr viel dazu bei, um konzentriert arbeiten zu können. Ich stelle dir hier zwei Tools vor, mit denen ich schon einige Zeit arbeite und die mich wesentlich produktiver gemacht haben.

Focus@Will:
Die Macher dieses Tools versprechen, durch die nach neueren wissenschaftlichen Erkenntnissen komponierte und kuratierte Musik, die Aufmerksamkeitsspanne für bestimmte Aufgaben um bis zu 400 % gegenüber dem Normalwert zu erhöhen. Wie funktioniert dieses Tool:
Du kannst aus neun verschiedenen Musik-Stilrichtungen wählen. Diese Musik lässt du dir dann während der Arbeit vorspielen. Das Ganze funktioniert über dein Smartphone oder über den Computer. Du kannst es also auch ohne Weiteres mit Kopfhörern in einem Großraumbüro verwenden.
Ich schreibe ganz gern in Kaffeehäusern. Wenn mir die Umgebungsgeräusche zu laut oder zu unangenehm werden, starte ich dieses Tool.
Ich habe damit ausgezeichnete Erfahrungen gemacht. Die Basisversion ist kostenlos, die Pro-Version kostet ca. drei Euro pro Monat. Hier geht es zu Focus@Will: https://www.focusatwill.com/

Noisli:
Mit diesem Tool kannst du dir ebenfalls ein ideales Umfeld schaffen. Stelle einfach deine Wohlfühl-Atmosphäre her. Du kannst zwischen verschiedenen Sound-Kulissen wählen. Ob das nun das Knistern eines Lagerfeuers, Gewitterwolken oder die Meeresbrandung ist, erschaffe dir einfach deinen Lieblingssound.
Dieses Tool ist webbasiert und kostenlos: http://www.noisli.com/

Die richtigen Lichtverhältnisse:
Nicht zu dunkel, aber auch nicht zu hell. Schaffe dir einfach eine angenehme Atmosphäre. Das funktioniert natürlich nur, wenn du dein eigenes Büro und die technischen Möglichkeiten dazu hast.

Sprich alle fünf Sinne an:
Experimentiere ein wenig mit deinen Sinnen. Was tut dir gut und steigert deine Konzentration, was bringt dir nichts?
Du kannst es nur durch Versuch und Irrtum herausfinden.
Versuche also nicht nur visuelle und auditive Reize zu setzen, sondern auch olfaktorische, gustatorische und taktile (also riechen, schmecken und fühlen).

Mach regelmäßig Pausen:
Wenn du über einen längeren Zeitraum konzentriert arbeiten willst, dann sind Pausen unverzichtbar. Das gilt allerdings nicht nur für längere Pausen, sondern auch für Mikropausen.
Mikropausen sind ganz kurze Time-outs (für ein paar Sekunden). Du schließt einfach die Augen und atmest ein paar Mal tief durch.
Aber auch längere Pausen sind unverzichtbar. Ich mache alle 50 Minuten für zehn Minuten Pause. In diesen Pausen versuche ich mich abzulenken. Ganz egal ob das Bewegungen (Dehnungsübungen, Klimmzüge, Liegestütz) oder ein paar alltägliche Arbeiten (aufwischen, wegräumen, Geschirrspüler ausräumen) sind. Hauptsache, du lenkst dich ab und beschäftigst dich nicht mit der Arbeit. Für mein Pausen-Management verwende ich dieses Tool: http://www.dejal.com/timeout/

Körperliche Fitness:
Nur wer körperlich fit ist, wird konzentriert und fokussiert arbeiten können. Dazu zählen folgende Dinge:

Schlaf:
Es ist nicht nur wichtig genügend Schlaf zu finden, sondern auch qualitativ hochwertig zu schlafen. Du kannst zwar über einen kurzen Zeitraum auch mit einem Schlafdefizit ganz gut arbeiten, aber über einen langen Zeitraum ist das unmöglich.
Zum Thema Schlaf empfehle ich dir das kostenlose E-Book von meinem Blogger-Kollegen Stefan Schimming (http://www.schlaf.stefanschimming.com/).

Innere Ruhe:
Wenn du innerlich aufgewühlt bist, wird es dir sehr schwerfallen konzentriert zu arbeiten. Um die innere Ruhe herzustellen, können dir einfache Atemübungen, Meditation oder autogenes Training helfen.
Ich versuche meine innere Ruhe durch Atemübungen und Mediation (in Form von Beobachtung einer brennenden Kerze) herzustellen.

Essen und Trinken:
Natürlich zählt auch die richtige Ernährung zu den unumgänglichen Faktoren für konzentriertes Arbeiten. Achte also darauf, immer etwas zu trinken in der Nähe zu haben.
Dass die Auswahl der richtigen Lebensmittel natürlich ebenso dazu beiträgt, ist außer Frage gestellt. Nach einem Wiener Schnitzel mit Pommes wirst du die Konzentration wohl nur schwer aufrechterhalten können.

Sport:
Für mich zählt Sport zu jenen Dingen, die mir dabei helfen, konzentriert und fokussiert zu arbeiten. Daher betreibe ich nahezu täglich eine Stunde Sport.
Probiere es auch für dich aus! Und wenn es „nur" ein 20-minütiger Spaziergang ist, glaub mir, der wirkt Wunder. Wenn dir ein Spaziergang zu fad ist, versuch es doch mal mit Geocaching.

Ein paar kleine Tipps

Natürlich gibt es noch unzählige weitere Tipps, die dir dabei helfen, konzentriert zu arbeiten. Ich möchte dir hier noch ein paar der wichtigsten ganz kurz vorstellen.

Enge Deadlines setzen:
Bedenke das Parkinsonsche Gesetz: Arbeit dehnt sich in dem Maße aus, wie Zeit für die Erledigung zur Verfügung steht. Ich setze daher vorher schon immer fest, wie lange ich für eine

Aufgabe brauchen darf. Dann setze ich mir einen Countdown (http://www.webcountdown.de/) und beginne mit der Arbeit.

Durch diese enge Deadline darf ich mich gar nicht lange ablenken, sonst schaffe ich meine Arbeit nicht.

Setze dir überschaubare Ziele:
Sind die Ziele zu groß, dann unterteile sie in kleine Zwischenziele. So gehst du wesentlich motivierter ans Werk. Das hilft natürlich auch beim konzentrierten Arbeiten.

Konzentrationsübungen:
Natürlich kannst du auch deine Konzentration trainieren. Tippe dazu bei Google einfach das Wort „Konzentrationsübungen“ in das Suchfeld und du wirst Tausende Möglichkeiten und Übungen präsentiert bekommen. Schon ein paar Minuten Training täglich können deine Konzentrationsfähigkeit verdoppeln.

Kein Multitasking:
Mehrere Dinge gleichzeitig zu machen, hat wenig Sinn. Das ist wissenschaftlich erwiesen. Versuche dich also immer nur auf eine einzige Sache zu konzentrieren.

Eat the frog:
Starte deinen Tag immer mit der unangenehmsten oder wichtigsten Aufgabe. In der Regel ist es jene Aufgabe, die dir am meisten im Magen liegt.
Schiebst du diese Aufgabe immer wieder auf, hast du sie stets im Hinterkopf, bist dadurch abgelenkt und konzentriertes Arbeiten ist nur schwer möglich.
Ist diese Aufgabe aber einmal erledigt, hast du den Kopf frei für alle weiteren Dinge, die noch zu erledigen sind. Außerdem bist du hoch motiviert und dadurch auch konzentriert.

Produktives Arbeiten am Computer

Ich denke, dass dir diese Tipps sehr dabei helfen werden, fokussierter und konzentrierter zu arbeiten und somit deine Produktivität massiv zu erhöhen.

Mit diesen Tipps wirst du deine Produktivität und Effizienz bei der Computer-Arbeit massiv erhöhen:

Freie Arbeitsfläche
Ich habe eine ganz klare Regel: Wann immer ich mein Büro verlasse, ist mein Schreibtisch nicht nur aufgeräumt, sondern nahezu leer. Im Endeffekt steht dann nur noch der Bildschirm, eine Schreibtischlampe, die Tastatur, meine Inbox und eine Ablage darauf. Und das betrifft sowohl mein Home-Office wie auch mein Büro in der Firma.

Ein aufgeräumter Schreibtisch sorgt für mehr Produktivität, Effizienz und Kreativität. Ein mit Akten, Zetteln und sonstigem Krimskrams zugemüllter Schreibtisch ist ein wahrer Produktivitäts-Killer! Außerdem ist es ein herrliches Gefühl, in der Früh das Büro zu betreten und einen leeren Schreibtisch vorzufinden.

Ablenkung durch Social-Media ausschalten
Gehörst du auch zu denjenigen, die Facebook, Twitter, Xing oder LinkedIn meist in einem Browser geöffnet haben?
Selbst wenn du keine automatischen Benachrichtigungen bei neuen Posts oder Messages aktiviert hast, wirst du sicher regelmäßig vorbeischauen.

Aber auch das ist für die Arbeit am Computer kontraproduktiv. Daher empfehle ich dir, wenn du dich zu sehr durch diese Dinge ablenken lässt, das Tool Anti-Social (http://anti-social.cc/), um dieser Versuchung zu widerstehen.

Einfach einstellen, wie lange der Zugang zu Social-Media-Seiten gesperrt werden soll, und schon werden diese Seiten blockiert!

Ablenkung durch das Internet
Oftmals brauchst du für deine momentane Arbeit keinen Zugriff zum Internet, hast aber trotzdem diverse Seiten offen, um eben auf dem Laufenden zu bleiben.

Aber auch das stört deine Produktivität. Daher empfehle ich dir unbedingt für alle Arbeiten, bei denen du das Internet nicht brauchst, dieses auch abzuschalten.
Dafür musst du nicht mal den Stecker des Modems ziehen, sondern einfach das Tool Freedome (http://macfreedom.com/) verwenden.

Ähnlich wie bei Anti-Social gibst du einfach den Zeitraum ein, in dem du auf das Internet verzichten willst und schon bist du offline!

Verwende Programme und Tools, die auf das Wesentliche vereinfacht sind
Ich möchte dir hier zwei Beispiele bringen. Einerseits das Tool, das ich zum Schreiben verwende. Früher, als ich noch auf Windows-Rechnern unterwegs war, war das Word. Heute am MacBook verwende ich WriterPro (http://writer.pro/). Der Unterschied? Während du bei Word so ziemlich alles einstellen kannst, hast du bei WriterPro lediglich drei Formatierungs-möglichkeiten (Überschriften, Aufzählung, Text).

Ich muss ehrlich gestehen ich habe das auch immer unterschätzt, als ich von diesen Tools hörte. Aber der Unterschied ist wirklich gravierend und die Ablenkung wesentlich geringer.

Weiteres Beispiel gefällig? Zum Lesen von Websites verwende ich oft Evernote Clearly (https://evernote.com/intl/de/clearly/) oder wenn ich mobil unterwegs bin Feedly (http://feedly.com).

Warum? Ganz einfach, diese Tools filtern den ganzen Schnickschnack weg. Keine Sidebars, keine Banner, keine Werbung, nichts! Nur der blanke Text! Einfach genial!
Also such dir Tools, die sich auf das Wesentliche beschränken.

Analysiere deine Online-Zeit
Ich verwende dazu das Tool RescueTime (http://selbstmanagementformel.com/rt). Dieses Tool (und ja ich höre die Datenschützer unter meinen Lesern schon aufjaulen) installiert ein kleines Add-on auf deinem PC, das alles, was du tust, aufzeichnet und dann zu RescueTime schickt. Dort kannst du dann im Dashboard deine Aktivitäten analysieren.

Du vergibst einfach jedem Tool, jedem Programm und jeder Webseite, die du verwendest, einen Produktivitätslevel (von sehr produktiv bis gar nicht produktiv).

Am Ende des Tages, der Woche oder des Monats kannst du diese Daten dann auswerten und feststellen, wo deine Schwächen liegen. Ich sage nur so viel: Dieses Tool wird dir möglicherweise die Augen öffnen und für so manchen AHA-Effekt sorgen.

Mails nur zu vorgegebenen Zeiten checken
Ja, ich weiß, du hörst diesen Tipp vermutlich von jedem, der über Zeitmanagement spricht oder schreibt, und vermutlich nervt er dich auch schon. Aber glaub mir, er wirkt.

Lege einfach einen Rhythmus fest (so wenig wie möglich, so viel wie notwendig), in dem du deine Mails abrufst und deine Produktivität bei der Computerarbeit wird sich sehr steigern.

Schließe nicht benötigte Programme
Warum? Sie lenken ab und sie mindern die Leistung deines Computers. Das verursacht Wartezeiten, die nicht notwendig sind.

Verwende zwei Bildschirme
Jetzt hast du vermutlich Bilder dieser Aktien-Trader im Kopf, die sechs Bildschirme vor sich haben, und denkst dir: „Was verdammt noch einmal soll ich mit zwei Bildschirmen?"
Aber Moment, lass mich das kurz erklären und dir die Vorteile präsentieren:

- Studien beweisen: Das Arbeiten mit zwei Monitoren bringt eine Effizienzsteigerung um bis zu 35 %.
- Kein ständiges Wechseln zwischen mehreren Tabs (zum Beispiel am linken Monitor das Schreibprogramm offen und am rechten Evernote mit den Notizen).
- Copy & Paste wird wesentlich einfacher.
- Ein Monitor als Ausführungs-Monitor, der andere als Überwachungsmonitor (zum Beispiel, wenn ich an meiner Website bastle, hab ich auf einem das Back-end offen, wo ich die Einstellungen ändere und auf dem anderen Monitor kann ich mir die Änderungen im Browser ansehen).

Wenn du dir keine zwei Monitore anschaffen willst, solltest du zumindest über einen 22-Zoll-Bildschirm nachdenken.

Beherrsche die Programme, die du verwendest
Ich habe ja erst unlängst den Umstieg von Windows auf Apple hinter mir. Vieles ist da anders. Das bedeutet auch, dass ich vieles neu lernen muss.

Aber auch, wenn man Programme schon länger verwendet, heißt das noch lange nicht, dass man das auch effizient tut und

die volle Bandbreite, die das Tool bietet, auch ausnutzt.
Daher ist es ganz gut, sich schulen zu lassen. Ich verwende dazu die Lern-Plattform Lynda (http://www.lynda.com). Wenn du ein wenig Englisch verstehst, wirst du da für fast alle Tools und Programme gute Tutorials finden.

Organisiere deine Daten sinnvoll
Hier geht es vor allem um eine sinnvolle und effiziente Struktur von Dateien und Ordnern in deiner Ablage.

Ich mache mir einmal im Jahr Gedanken über meine Struktur der Datenablage. An diesem Tag gehe ich durch alle meine Ordner und überlege, wo ich sie effizienter platzieren könnte. Außerdem lösche ich bei diesem Vorgang gleich auch nicht mehr benötigte Dateien und Ordner. Des Weiteren verschiebe ich Ordner, bei denen ich zwar glaube, dass ich sie nicht mehr brauche, ich mir aber nicht ganz sicher bin, in einen Archiv-Ordner, damit sie mich in der täglichen Arbeit nicht stören, im Notfall aber noch auffindbar sind.

Aber dieses Thema haben wir im Kapitel „Das digitale Leben" ohnehin schon besprochen.

Ein übersichtlicher und aufgeräumter Desktop
Ich gebe zu, auf meinem neuen MacBook muss ich mir da was Neues einfallen lassen. Aber auf dem Windows-Laptop habe ich versucht meinen Desktop in die Bereiche Arbeit, Selbstständigkeit und Freizeit zu teilen.

Das bedeutet, ich habe Programme und oft verwendete Dateien in den jeweiligen Sektoren am Desktop platziert, um alles schnell auffindbar zu haben.

Mit diesen Tipps und Tools solltest du es schaffen, wesentlich effizienter und effektiver bei deiner Arbeit am Computer zu agieren.

Mit Tempo von der Idee zur Umsetzung

„Speed of Implementation" oder zu Deutsch die Schnelligkeit der Umsetzung ist einer der wichtigsten Eigenschaften von erfolgreichen Menschen und Unternehmen. Dietrich Mateschitz, der Gründer von Red Bull, sagt dazu: „Wir machen Dinge, anstatt endlos darüber zu reden." Mit diesem Grundsatz hat er nicht nur einen extrem erfolgreichen internationalen Getränkekonzern aufgebaut, sondern auch ein Medien-Imperium und jede Menge erfolgreiche Sportler und Sport-Teams.

Was aber steckt hinter diesem Erfolgsrezept? Worauf muss man trotz aller Schnelligkeit noch achten und wie kann man Projekte und Ideen schnell realisieren? Alles Fragen, die ich in diesem Abschnitt näher erörtern werde.

Dass „Speed of Implementation" nicht nur für Unternehmen wichtig sein kann, sondern auch für Privatpersonen und Mitarbeiter, liegt auf der Hand. Je schneller und je besser du Projekte und Arbeiten umsetzt, umso besser!

Die Grundidee hinter Speed of Implementation

Großen Unternehmen wird oft nachgesagt, dass es viel zu lange dauert, bis eine Idee in die Phase der Umsetzung kommt. Viel zu behäbig ist der Entscheidungsprozess. Aber so geht es oftmals nicht nur großen Firmen, sondern eben auch Menschen. Gerade in jungen Jahren hadert man möglicherweise mit der einen oder anderen wichtigen Entscheidung. Oftmals werden gar keine Entscheidungen getroffen, was noch schlechter ist, als eine zögerliche zu treffen.

Warum ist eine schnelle Umsetzung von Vorteil?

Diese Frage möchte ich mit einer Gegenfrage beantworten: Wie viel Umsatz macht denn eine Idee? Welchen Nutzen oder

welchen Mehrwert bringt dir eine Idee?
Die Antwort: keinen, null, gar nichts!

Zumindest solange bis aus der Idee ein Produkt oder ein Nutzen geworden ist. Erst dann hast du einen Mehrwert davon. Also warum lange mit der Umsetzung warten?

Aber Schnelligkeit verursacht doch oftmals Fehler!
Könnte möglicherweise ein Einwand sein. Nun, hier dazu ein paar Gedanken:

- Eine schnelle Umsetzung heißt nicht gleichzeitig automatisch, dass die Umsetzung schlampig ist. Natürlich gehört ein Projekt gut durchdacht und ordentlich geplant, aber ...
- Wenn du ewig planst und durchdenkst, heißt das nicht automatisch, dass keine Fehler passieren.
- Warum eigentlich diese ständige Angst vor Fehlern? Fehler an sich sind nicht schlimm, nur wenn man auf Fehler nicht richtig reagiert oder sie wiederholt, hat man ein Problem.

Achte also darauf, dass deine Idee gut geplant und auch gut durchdacht ist. Nimm dir dafür genügend Zeit, betreibe aber keinen Perfektionismus.

Die Vorteile von schneller Umsetzung:

- Schnell von der Theorie zur Praxis zu gelangen, bedeutet auch schneller Feedback von Kunden, Konsumenten oder Menschen zu bekommen, die von dieser Idee betroffen sind.
- Auf dieses Feedback kann man wiederum schnell reagieren und Anpassungen durchführen. Anpassungen und neue Ideen, auf die man ohne Praxis, durch reines Nachdenken und Planen wohl nie im Leben gekommen wäre.

- Aus diesem Grund wird dein Produkt, deine Idee, deine Dienstleistung nicht nur auf Praxistauglichkeit geprüft, sondern auch wesentlich schneller voranschreiten.
- Der Fortschritt wird also wesentlich schneller vonstattengehen, was gleichbedeutend mit schnellerem und größerem Erfolg ist.

Eine Studie unter 1000 US-Unternehmen, die allesamt im ersten Jahr mehr als 250.000,- USD Umsatz generiert haben, kommt ebenfalls zum Schluss: Der Hauptgrund für diesen Erfolg heißt „schnelle Umsetzung", „schnell ins Handeln kommen".

Von der Idee zur Umsetzung

Was braucht es jetzt, um von der Idee in eine schnelle Umsetzung zu kommen:

1. Notiere dir alle deine Ideen.
2. Filtere aus allen diesen Ideen, die deiner Meinung nach beste und praktikabelste heraus.
3. Mach dir intensive Gedanken zur Umsetzung dieser Idee. Lass deiner Fantasie dabei freien Lauf. Am besten machst du das anhand von Mindmaps.
4. Erstelle einen genauen Ablaufplan, also quasi eine Liste der nächsten Schritte. Genauer gesagt einen Plan, der dich von der Idee bis zur fertigen Umsetzung bringt.
5. Starte mit der Umsetzung.
6. Fertig!
7. Starte sofort mit der nächsten Idee.

Ganz egal, ob es sich um eine kleine oder um eine große Idee handelt. Der Ablauf bleibt immer gleich und er ist, wie du siehst, relativ einfach.

Nun bist du dran! Was sind deine Ideen? Warum hast du noch

nicht mit der Umsetzung begonnen? Die Antwort auf diese Frage wird wahrscheinlich jede Menge Argumente bringen, die sich schnell als Ausreden enttarnen lassen.
Also starte JETZT mit der Umsetzung deiner Ideen! Viel Spaß dabei ;-)

Perfektionismus ist Schwachsinn

Perfektionisten haben sehr oft Probleme und Schwierigkeiten mit ihrem Zeitmanagement, denn sie beschäftigen sich zu viel mit unnötigen Arbeiten.

Probleme des Perfektionismus
Perfektionisten können nie aufhören, an Dingen zu arbeiten. Es ist ihnen nie perfekt genug, man kann immer etwas verbessern. Daher sind sie im Endeffekt mit einem Ergebnis niemals zufrieden und schaffen nicht, es schnell abzuschließen.

Ein weiteres Problem, das Perfektionisten haben, ist, dass sie aus der Planungsphase schwer herauskommen. Sie planen ewig, bevor sie beginnen, das Geplante umzusetzen. Allerdings kann man nur im Tun erkennen und feststellen, wo es Probleme geben könnte.

Außerdem fühlen sie sich nie bereit! Sie brauchen ständig noch Informationen, müssen noch ein Buch zum Thema lesen oder einen Kurs besuchen, um dann tatsächlich starten zu können. Auch das ist natürlich nicht gerade hilfreich bei der Umsetzung von Projekten.

Die Angst Fehler zu machen ist bei Perfektionisten sehr ausgeprägt. Sie starten mit einem Projektabschnitt, hinterfragen ihn, korrigieren ihn, hinterfragen nochmals und korrigieren ihn wieder. So stecken sie oft in einem Teufelskreis fest.

Damit ist es nicht verwunderlich, dass Burn-out unter den Perfektionisten sehr verbreitet ist.

Wenn du testen willst, ob du ein Perfektionist bist, empfehle ich dir folgenden Link:
http://www.palverlag.de/perfektionismus-test.php

Ursachen des Perfektionismus
Die Ursache für Perfektionismus liegt meistens in unserer Kindheit. Kinder von perfektionistischen Eltern haben gute Chancen ebenfalls Perfektionisten zu werden. Auch wenn man sich in jungen Jahren die Zuneigung seiner Eltern oder Lehrer durch Leistung erkaufen musste, tendiert man im Erwachsenenalter dazu perfektionistisch zu sein.
Auch limitierte Glaubenssätze, die wir als Kinder gehört haben, gehören dazu:

- „Mache es ordentlich oder lass es bleiben."
- „Dieses Projekt ist etwas Besonderes, das muss perfekt werden."

Wenn du diese Dinge oft gehört hast, kann es durchaus sein, dass du sehr perfektionistisch erzogen wurdest.
Krankhafter Perfektionismus lässt sich nur in Begleitung von professioneller Hilfe lindern. Für all jene, bei denen es nicht krankhaft ist, habe ich ein paar Tipps.

Lösungsvorschläge für Perfektionisten, die keine mehr sein wollen
Diese Tipps und Tricks werden dir dabei helfen, deinen Perfektionismus in den Griff zu bekommen:

Gut reicht vollkommen aus!
Wenn du gut bist, bist du schon besser als der Großteil der Menschen. Die meisten sind nämlich nur durchschnittlich. Sehr gut zu sein, ist nicht immer und überall notwendig!

Gehe nach dem Pareto-Prinzip vor:
Dieses Prinzip habe ich in diesem Buch schon mehrmals vorgestellt. Hinterfrage einfach alle Arbeitsschritte anhand dieses Prinzips und vermeide so Perfektionismus.

Rauszoomen:
Wo im Projekt stehe ich gerade? Was mache ich gerade?

Zoome raus und blicke auf das gesamte Projekt. Welche Wichtigkeit für das Gesamtprojekt hat das kleine Detail, an dem du da gerade arbeitest?
Stell dir das so vor, als würdest du von einer Makroaufnahme mit deiner Kamera auf eine Panoramaaufnahme herauszoomen. Dann siehst du, wie wichtig dieses kleine Detail für dein Gesamtprojekt wirklich ist.

Weniger analysieren, mehr tun, mehr handeln:
Vielfach analysieren wir viel zu viel, anstatt einfach zu handeln. Dadurch verirren wir uns oftmals auf Neben-Kriegsschauplätze. Das ist einfach nicht notwendig. Daher analysiere lieber nur kurz und konzentriere dein Tun auf das Handeln.

Vergleiche dich nicht mit anderen:
Vergleiche dich lieber mit dir selbst. Auch dieses Thema haben wir in diesem Buch schon behandelt, daher werde ich es hier nicht näher beleuchten.

Kalkuliere Fehler schon vorher mit ein:
Ein großes Projekt fehlerlos zu absolvieren, ist ohnehin nahezu unmöglich. Nimm einfach ein Beispiel aus der Softwarebranche: Dort werden zuerst sogenannte Beta-Versionen herausgebracht und an einige wenige Nutzer verteilt. Diese Nutzer finden dann Fehler und melden diese zurück an das Unternehmen. Das Unternehmen bessert diese Fehler aus und erst dann kommt das Produkt auf den Markt.
Du siehst also, man kann Fehler durchaus in den Entstehungsprozess einplanen.

Setze dir enge Deadlines:
Je weniger Zeit du hast, ein Projekt oder eine Aufgabe zu erledigen, umso weniger kannst du dich mit kleinen Details beschäftigen.

Ordne Kritik richtig ein:
Vielfach wollen wir perfektionistisch sein, um Kritik zu vermeiden. Das ist aber ohnehin kaum möglich. Sieh Kritik daher einfach als Entwicklungsprozess an und ordne sie richtig ein.

Gönne dir Pausen:
Wenn du merkst, dass du dich in einem Projekt oder in einer Aufgabe verlaufen hast, dann lege es einfach für einige Zeit zur Seite. Kommst du dann zum Projekt zurück, wirst du vieles aus einem ganz anderen Blickwinkel betrachten können.

Diese Tipps und Tricks sollten dir dabei helfen, weniger perfektionistisch und dafür aber wesentlich produktiver zu sein.

Arbeitsaufgaben

Aufgabe 1:
Überlege, ob du mehr Freiheiten in deiner Firma haben willst und wie die aussehen sollen. Plane das Gespräch mit deinem Chef.

Aufgabe 2:
Mach dir Gedanken über deine Zukunft (du solltest das ja schon im Kapitel „Ziele, Visionen und Werte“ gemacht haben). Willst du raus aus dem Hamsterrad und rein in eigene Projekte? Dann überlege dir hier die ersten Schritte dafür.

Aufgabe 3:
Überlege dir, wie du Ablenkungen (Internet, Telefon, Kollegen usw.) zukünftig verringern willst. Mache einen Plan und liste die nächsten Schritte auf.

Aufgabe 4:
Schaffe ein für dich positives und produktives Arbeitsumfeld.

Aufgabe 5:
Organisiere deinen PC-Arbeitsplatz neu.

Reisen, aber richtig

Warum du viel reisen solltest

Gründe, um zu reisen, gibt es viele, wesentlich mehr, als ich hier aufzähle. Ich beschränke mich auf jene, die deine Persönlichkeit weiterentwickeln werden und dich als Menschen reifen lassen.

Entfliehe der Gewohnheit des Alltags

Wenn wir „zu Hause" sind, kann es sein, dass wir im Hamsterrad gefangen sind. Der Alltag hat uns fest im Griff und wir bewegen uns auf gewohntem Terrain. Alles ist uns bekannt, wir brauchen nicht lange überlegen, alles läuft in der Regel wie auf Autopilot.

Meistens nehmen wir es nicht einmal wahr, dass wir Tag für Tag exakt das Gleiche tun: Aufstehen, frisch machen, frühstücken, arbeiten, erschöpft heimkommen, vor den TV legen, Abendessen, schlafen.

Vielleicht ist ab und zu mal ein Highlight dazwischen, aber im Grunde ist unser Tagesablauf immer genau gleich. Tag für Tag, Woche für Woche, Monat für Monat, Jahr für Jahr tun wir oft ein und dasselbe. Ernüchternd, oder?

Da ist es doch herrlich, wenn man einmal wegkommt von zu Hause, mal was Neues sieht, etwas das noch unbekannt ist. Warum finden wir es denn so genial, beim Badeurlaub aufzuwachen, zum Fester zu gehen und das Meer zu sehen?

Weil es etwas Neues, etwas anderes, nichts Alltägliches ist. Ich lernte in Barcelona einen Einheimischen kennen, der von seinem Apartment aus direkt aufs Meer sieht. Ich sagte zu ihm: „Das muss doch herrlich sein, jeden Tag mit diesem Ausblick aufzuwachen." Darauf sagte er zu mir: „Ach, weißt du, das ist normal. Wirklich genial finde ich es, bei euch in Österreich in den Alpen Urlaub zu machen. Dieser gigantische Ausblick auf die Berge ist etwas Herrliches."

Verstehst du, was ich damit meine? Es ist die Flucht aus dem Alltäglichen, die uns dieses herrliche Gefühl des Neuen und des Unbekannten ermöglicht. Nutze diese Erkenntnis und fliehe so oft wie nur möglich aus deinem Alltag!

Sehnsucht nach der Fremde (Fernweh)
Ich kenne Menschen, die fast das ganze Jahr unterwegs sind. Sie sind nicht sesshaft, sondern dauernd auf Achse. Es ist die Sucht immer wieder Neues zu erleben und Neues zu sehen, das sie immer weiter reisen lässt. Stets an neue Orte, stets auf zu neuen Erlebnissen.

Klar, die wenigsten werden (aus welchen Gründen auch immer) in der Lage sein, ständig zu reisen. Das ist auch nicht nötig, wichtig ist, dass dir die Lust auf Neues nie vergeht, du immer wieder neugierig bleibst und deine Neugierde auch befriedigst.

Erlebe die Wunder dieser Erde
Ich spreche da nicht nur von den Sieben Weltwundern, sondern auch von den vielen kleinen Wundern. Mit Delfinen zu schwimmen, auf einem Elefanten zu reiten, Whale Watching und vieles andere mehr.

Es gibt an jedem Ort Hunderte spannende Dinge zu sehen. Ganz egal, ob das die Niagarafälle oder das höchste Gebäude der Welt ist. Sieh dir das alles an, sauge es in dich auf und speichere diese Erlebnisse in deinem Kopf ab!

Lerne andere Kulturen kennen
Ich bringe hier ein sehr banales Beispiel, das Essen mit den Fingern. In manchen Kulturen ist das üblich, sogar in sündteuren Luxusrestaurants. Was bei uns als ekelig oder

verwerflich empfunden wird, ist da ganz normal.

Klar, das ist nur ein kleines und vielleicht auch dummes Beispiel. Aber es verdeutlicht, wie unterschiedlich wir Menschen auf diesem Planeten doch sind. Und gerade diese Unterschiedlichkeit macht doch den Reiz aus, oder?

Gerade das ist es doch, was uns so fasziniert. Eine meiner liebsten Beschäftigungen auf Reisen ist es, mich in ein Café oder Restaurant zu setzen und einfach nur die Menschen zu beobachten. Wie verhalten sie sich? Was machen sie anders, als ich es mache? Welche gesellschaftlichen Regeln gibt es?

Es ist einfach herrlich, für eine oder zwei Stunden in diese Beobachterrolle zu gehen und diese fremde Kultur aufzusaugen.

Verbinde dich mit interessanten Menschen
Einer der Vorteile, vor allem wenn du alleine reist, ist, dass du spannende Menschen kennenlernen wirst. In der Gruppe ist das meist schwieriger, da man unter seinesgleichen bleibt. Aber gerade das ist schade.

Sich in fremden Städten unter die Menschen zu begeben, kann sehr viele neue Erfahrungen mit sich bringen. Mit den Menschen zu plaudern, sich zu unterhalten und sich über Gott und die Welt auszutauschen. Viele wissen gar nicht, wie wertvoll diese Erfahrung sein kann.

Natürlich braucht es dazu ein wenig Mut, denn immerhin muss man einen fremden Menschen einfach so anreden. Aber die meisten Menschen stehen dem offen gegenüber und freuen sich über ein wenig Austausch. Und wenn nicht, dann wirst du das ohnehin sehr bald merken.

Ich kann dir nur empfehlen, dich auf Reisen mit Einheimischen, aber auch mit anderen Reisenden auszutauschen!

Wieder nach Hause kommen
Vor allem, wenn du länger weg warst, ist das „nach Hause kommen" eine sehr schöne Erfahrung. Wieder zu Hause zu sein, ist ein sehr schönes Gefühl, das ich nach Reisen nie missen möchte.

Seminare, Aus- und Fortbildungen
Ich freue mich immer besonders, wenn Seminare und Fortbildungen in einer fremden Stadt oder an einem fremden Ort stattfinden. Erstens ist der Austausch unter den Teilnehmer viel größer, da nicht alle gleich nach Hause hetzen und sich vom Alltag wieder gefangen nehmen lassen. Und zweitens ist es ebenfalls der Reiz des Neuen und noch Unbekannten, der zusätzlich inspirierend auf dich wirkt.
Nutze daher so oft wie möglich die Möglichkeit, Schulungen auswärts machen zu können.

Natürlich gibt es noch viele weitere Gründe, um zu reisen. Ich möchte es jedoch bei diesen belassen und dich herzlichst dazu einladen, dir diese Punkte nochmals ein wenig vor Augen zu führen und deine eigene Motivation, die hinter dem Reisen steht, ein wenig genauer unter die Lupe zu nehmen. Im nächsten Abschnitt wirst du nämlich gleich die Umsetzung planen.

Erstelle deine Reise-Bucketlist

Das Thema Bucketlist kennst du schon aus dem Kapitel „Ziele, Visionen und Werte". Wenn du meinem Ratschlag gefolgt bist und auf deine Bucketlist Erlebnisse anstatt materielle Dinge geschrieben hast, wirst du vermutlich schon einige Reisen auf dieser Liste stehen haben. Zumindest war das bei mir so!

Ich möchte dich hier aber nochmals für dieses Thema sensibilisieren. Überlege dir einige Dinge bezüglich Reisen genauer:

- Welche Orte dieser Welt willst du noch sehen? Oftmals helfen hier Reiseblogs (ich werde dir in den Bonus-Tools eine Linkliste mit empfehlenswerten Reiseblogs zur Verfügung stellen). Auf diesen Blogs kannst du dir jede Menge Inspirationen holen. In der Regel werden diese von Backpackern, also Rucksacktouristen, geschrieben. Keine Sorge, du musst natürlich nicht mit dem Rucksack reisen, wenn du das nicht willst. Aber diese Menschen kommen in der Regel an die schönsten Orte dieser Erde, also warum soll man sich auf deren Blogs nicht Inspirationen holen?

- Wo kannst du bestimmte Erlebnisse realisieren? Wenn auf deiner Bucketlist steht, dass du einmal mit Delfinen schwimmen willst, dann wirst du das nur an bestimmten Orten machen können. Recherchiere also, an welchen Orten das möglich ist und entscheide dich dann für denjenigen Ort, den du am liebsten anreisen möchtest.

- Kombiniere Dinge auf deiner Bucketlist! Wer sagt denn, dass du auf einer Reise nur ein Ding auf deiner Bucketlist erledigen kannst? Kombiniere doch zum Beispiel das Schwimmen mit Delfinen und das Reiten auf einem Elefanten. Ich bin mir sicher, es gibt Orte, an denen beides möglich ist.

- Kombiniere Erholung und Erlebnis!
  Ja, ich weiß schon, ein Urlaub soll auch einen Erholungsfaktor haben. Wenn man das ganze Jahr hart arbeitet, will man sich im Urlaub auch erholen und mal faulenzen. Keine Sorge, beides ist gut kombinierbar. Du musst nur die geeigneten Orte dazu finden.

Versuche deine Reise-Bucketlist so offen wie möglich zu gestalten. Lass dich nicht von Grenzen (wie zum Beispiel zu wenig Geld oder kein geeigneter Reisepartner) abhalten.
Lass dich einfach von deinen Wünschen und Bedürfnissen inspirieren und schreibe alles, was dir gefällt, auf deine Reise-Bucketlist!

Reiseplanung mit Evernote

Für die Planung und Durchführung von Reisen gibt es sehr viele Apps und noch mehr Möglichkeiten. Nicht nur beim Reisen, sondern auch bei allen anderen Themen, die das Selbstmanagement betreffen, gilt für mich der Satz: je mehr Möglichkeiten, umso komplizierter. Daher möchte ich dir hier mein System vorzustellen.

Ich reise sehr gerne und meistens aus diesen drei Gründen:

- Erholung und Entspannung
- Sightseeing, Kultur, Sport
- Fortbildung, Seminare, Vorträge
- Backpacking

Ich denke, es ist nicht so wichtig, wie lang und wie oft man reist, denn in der Planung, Vorbereitung und Durchführung der Reise gibt es sicher viele Parallelen.

Mein Tool

Ich nutze lediglich ein einziges Tool, um meine Reisen zu planen und zu organisieren. Dieses Tool heißt Evernote, denn es bietet alle wichtigen Funktionen, um dieser Aufgabe gewachsen zu sein.

In den folgenden Zeilen will ich dir Einblick geben, wie ich Evernote für meine Reisen einsetze.

Ich denke, dass ich dir Evernote nicht mehr weiter vorstellen muss. Falls du damit nichts anfangen kannst, sieh bitte kurz in das Kapitel „Das digitale Leben“.

Planungsphase

Zu allererst steht natürlich die Planung der Reise an. In meinem Stapelnotizbuch „Reisen“ habe ich daher ein Notizbuch mit dem Namen „Reiseplanung“. Dort sammle ich alle Informationen, die ich für eine bestimmte Reise benötige, in einer Notiz. Hotel-Angebote, Ticketpreise diverser Airlines,

Besonderheiten des Reiselandes (wie Visa, Impfungen) usw.! Außerdem unterscheide ich, ob ich alleine reise oder in Begleitung. Reise ich in Begleitung, teile ich diese Notiz mit allen Beteiligten. So hat jeder die Möglichkeit Dinge hinzuzufügen und zu verändern.

Buchungsphase

Sind alle Angebote ausgewertet, entscheide ich mich für einen Flug, ein Hotel und diverse andere Dinge wie zum Beispiel Mietwagen oder Kultur- und Sportveranstaltungen.

Dazu erstelle ich ein neues Notizbuch mit dem Namen der Reise, also zum Beispiel „DFB-Cup-Finale Berlin". Buche ich das Hotel, den Flug und alles andere, bekomme ich in der Regel Buchungsbestätigungen via E-Mail. Diese leite ich dann in dieses Notizbuch weiter. Das funktioniert ganz einfach durch zwei Klicks auf den „Evernote-Webclipper".

In meinem Notizbuch „DFB-Cup-Finale" landen also die Flugbuchung, das Hotel-Voucher, die Bestätigung für den Kauf der Tickets, eine Tischreservierung für ein gutes Lokal in Berlin und alles andere, das mit dieser Reise zu tun hat.

Vor Reiseantritt

Bevor es dann zum Flughafen geht, gilt es natürlich zu packen, um nichts Wichtiges zu vergessen. Dafür habe ich schon alles vorbereitet, denn in meinem Notizbuch „Vor Reiseantritt" befinden sich meine Packlisten. Ich habe für folgende Reisen eigene Packlisten erstellt:

- Sommerurlaub
- Skiurlaub
- Fortbildung, Seminar, Vortrag
- Seminare und Vorträge, die ich selbst halte.
- Städtetrip
- Sport-Camp
- Wander-Urlaub

Mehr brauche ich nicht, zumindest im Moment. Ich habe alle diese Packlisten genau auf meine Bedürfnisse angepasst. So kann ich in der Gewissheit, nichts vergessen zu haben, die Reise antreten.

Außerdem teile ich das Reise-Notizbuch (also zum Beispiel „DFB-Cup-Finale“) vor Reiseantritt mit meinem Bruder und meiner Mutter. So haben sie im Notfall Zugriff auf meine Reisedaten und wissen, wo sie mich erreichen können.

Auf Reisen

Ich nutze Evernote natürlich auch während der Reise. Da man Evernote auf allen mobilen Geräten verwenden kann, ist es perfekt dafür geeignet. Ich nutze es, um Fotos zu speichern, meine Reiseeindrücke niederzuschreiben, und natürlich auch für die weitere Organisation der Reise vor Ort.

Ein weiterer großer Vorteil von Evernote ist, dass man Notizbücher auch lokal am Smartphone oder Tablet-PC speichern kann. Damit ist man nicht von einer Internet-Verbindung im Ausland abhängig.

Eines dieser lokal gespeicherten Notizbücher ist zum Beispiel jenes mit dem Namen „Wichtige Dokumente“. In diesem Notizbuch habe ich alle Dokumente und Unterlagen gespeichert, die ich auf Reisen benötigen könnte. Darunter fallen Scans vom Reisepass, Führerschein, diverse Notfall-Nummern und Ähnliches.

Selbst wenn mir auf einer Reise alles gestohlen wird, habe ich von jedem PC dieser Welt aus Zugriff auf diese wichtigen Dokumente und auf meine Reise-Unterlagen.

Nach der Reise

Ist die Reise beendet und ich bin wieder zurück in Wien, lösche ich die nicht mehr benötigten Unterlagen wie Flug- und

Buchungs-Bestätigungen.
Meine Reiseerinnerungen archiviere ich mit dem Datum und dem Namen der Reise. So kann ich meine Erinnerungen daran immer wieder auffrischen.

Letzter Schritt ist die Adaptierung der Packlisten. Habe ich etwas vergessen? Hatte ich zu viel mit? Diese Dinge werden aktualisiert, um auf die kommende Reise noch besser vorbereitet zu sein.

Fazit
Mit dem Tool Evernote und dieser Vorgehensweise bin ich auf jede Reise optimal vorbereitet. Auch im Notfall, der hoffentlich nie eintritt, bietet mir diese Vorgehensweise ein hohes Maß an Sicherheit und Unabhängigkeit.

Weniger ist mehr - das Packen

Gehörst du auch zu jenen Menschen, die viel zu viel Gepäck mit sich herumschleppen und wenn sie daheim den Koffer wieder auspacken, jede Menge unbenutzter Wäsche wieder zurück in den Schrank legen?

Bei mir war das früher auch so. Allerdings habe ich mir angewöhnt, nur noch das Notwendigste mitzunehmen. Städtereisen von zwei bis drei Tagen absolviere ich mit einem kleinen Rucksack, Badeurlaube mit einem kleinen Trolley und selbst auf längeren Reisen ist mein Koffer nie voll.

Wie du deine Packlisten an deine Bedürfnisse anpasst
Im Prinzip ist es ganz einfach, die optimale Ausrüstung mitzuhaben. Du erstellst einmal eine Packliste mit allem, was du in den Koffer legst. Wenn du vom Urlaub zurückkommst, schaust du einfach, was davon du nicht benötigt hast, und streichst es wieder von dieser Liste.

Möglicherweise gibt es auch Dinge, die du vergessen hast? Nun, in diesem Fall schreibst du sie einfach auf die Liste dazu. Fertig ist die perfekte Packliste. Vielleicht braucht es dann noch einen oder zwei Urlaube für das Fein-Tuning, aber in der Regel war es das.

Ich habe für jede Reisevariante eine Packliste erstellt:

- Erholung und Entspannung
- Sightseeing, Kultur, Sport
- Fortbildung, Seminare, Vorträge
- Backpacking

Ja, einmalig hast du damit ein wenig Aufwand. Aber diesen Aufwand tausche ich gerne gegen ein sorgenloses Reisen. Ich brauche mir keine Gedanken mehr darüber machen, ob ich etwas vergessen habe, denn ich bin mir sicher, alles, was ich benötige, bei mir zu haben.

Ich habe übrigens auch meine Kulturtasche sowie die Mitnahme von Medikamenten den Bedürfnissen der jeweiligen Reise angepasst. Auf einem Städtetrip reichen mir Kamm, Zahnpasta und Zahnbürste völlig aus, den Rest findet man ohnehin im Hotel.

Im Sommerurlaub ist es natürlich etwas mehr, vor allem achte ich in exotischen Ländern darauf, meine eigenen Medikamente mitzuführen, um nicht auf die dort erhältlichen angewiesen zu sein.

Warum weniger mehr ist!
Warum es gar nicht notwendig ist, so viel mitzunehmen, möchte ich dir in den folgenden Punkten beweisen:

- In jedem besseren Hotel und in jeder kleineren Stadt gibt es eine Wäscherei. Sollte mit deiner Kleidung also tatsächlich einmal was Unvorhergesehenes passieren, kannst du das jederzeit wieder ausbügeln.
- Mit einer Tube Handwaschmittel bist du bestens versorgt und kannst dir im Notfall auch selbst helfen.
- Mal ein T-Shirt oder eine Hose nachzukaufen, wird jetzt vermutlich auch nicht den großen Weltuntergang bedeuten. Meist kauft man im Ausland auch noch deutlich günstiger als in Deutschland, Österreich oder der Schweiz.
- Kleidung muss für mich funktional sein (vor allem auf Reisen) und ich habe absolut kein Problem damit, einmal das gleiche T-Shirt oder die gleiche Hose öfter anzuziehen, solange alles sauber ist.

Du siehst also, ein übervoller Koffer ist meistens absolut nicht notwendig. Minimalismus beim Kofferpacken ist heutzutage keine allzu große Kunst mehr.

Meist werde ich am Flughafen milde belächelt, wenn ich nur

mit Rucksack oder kleinem Trolley komme. Wenn die anderen dann ihre schweren Koffer am Ankunftsort herumschleppen und ich locker dahingehe, bin ich derjenige, der lächelt.

Ich gebe zu, bei der ersten Reise mit minimalistischem Gepäck fühlt man sich zu Beginn ein wenig unwohl. Aber man merkt recht schnell, dass man nicht viel mehr braucht, und so geht es einfach nur darum, sich einmal das Selbstvertrauen zu holen. Nach der ersten erfolgreichen minimalistischen Reise hat man gesehen, dass es funktioniert, und dementsprechend passt es dann auch mit dem Selbstvertrauen.

Also sei mutig und reise mit wenig Gepäck!

Arbeitsaufgaben

Aufgabe 1:
Überlege dir, aus welchen Gründen du gerne reist? Was ist das Spannende daran? Was ist deine Motivation, um zu verreisen?

Aufgabe 2:
Gehe zu den Reiseblogs in den Bonus-Tools und surfe ein wenig darauf herum. Hol dir ein paar Inspirationen, wo deine zukünftigen Reisen so hingehen könnten.

Aufgabe 3:
Erstelle deine Reise-Bucketlist!

Aufgabe 4:
Lege in Evernote das Stapelnotizbuch „Reisen“ an und erstelle die von mir beschriebenen Notizbücher. In den Bonus-Tools erfährst du übrigens, wie du an meine Evernote-Packlisten kommst.

Aufgabe 5:
Passe die Packlisten jetzt an deine Bedürfnisse an.

Aufgabe 6:
Plane für deine nächste Reise ein, mit so wenig Gepäck wie nur irgendwie möglich zu reisen!

Lernen, aber richtig

Über das Thema „Lernen“ werden ganze Bücher geschrieben und viele Seminare und Fortbildungen angeboten. Daher versteht es sich von selbst, dass ich diese Materie hier nur kurz ankratzen kann. Trotzdem habe ich mich aber bemüht, dir mit diesen 13 Lerntipps zu helfen, dich möglichst effizient fortzubilden.

Ich wünschte, ich hätte diese Infos schon zu meiner Schul- oder Studienzeit besessen. Damals quälte ich mich viel mit Auswendiglernen herum, was im Nachhinein betrachtet natürlich wenig Sinn machte. Erst jetzt in der Erwachsenenbildung kann ich von diesen Lerntipps profitieren und ich habe sie auch schon bei der einen oder anderen Prüfung erfolgreich angewendet.

Fortbildungsmöglichkeiten

Generell empfehle ich dir, dich regelmäßig fortzubilden. Gerade in der Erwachsenenbildung trifft man so viele motivierte und interessante Menschen, dass das Lernen wirklich Spaß macht.

Generell nutze ich folgende Fortbildungsmöglichkeiten:

- Firmeninterne Fortbildungen:
  Solltest du unselbstständig beschäftigt sein, dann frage mal in deiner HR-Abteilung nach, welche Möglichkeiten zur Fortbildung für dich bestehen. In großen Firmen gibt es interne Fortbildungen, in kleineren meistens Budgets, um externe Fortbildungen besuchen zu können. Der große Vorteil dieser Fortbildungen: Sie sind kostenlos.

- Seminare, Aus- und Fortbildungen:
  Wenn dich ein gewisses Thema interessiert, brauchst du nur im Internet zu suchen und du wirst vermutlich ganz schnell auf jede Menge interessante Aus- und Fortbildungsmöglichkeiten stoßen. Das Problem ist, dass die meisten nicht ganz billig sein werden. Das sollte dich aber auf keinen Fall davon abschrecken, sie trotzdem zu besuchen. Investitionen in deine Bildung werden sich auf alle Fälle bezahlt machen.

- Videokurse:
  Immer öfter werden auch Video-Kurse angeboten. Ich nutze diese Art von Kursen sehr gerne für Themen, die mich interessieren. Der große Vorteil: Du bist zeitlich wie auch geografisch ungebunden. Das bedeutet, du kannst dir diese Fortbildungsvideos ansehen, wo und wann du willst. Der Nachteil ist natürlich, dass der persönliche Kontakt zu Mitstreitern

fehlt.

- Webinare:
  Webinare sind nichts anderes als Seminare im Internet. Auch hier ist der große Vorteil, dass du dir An- und Abreisezeit sowie die Aufenthaltskosten ersparst. Dafür geht das Persönliche verloren. Webinare sind für mich trotzdem interessant, da man bei ihnen (im Gegensatz zu den Videokursen) auch mit dem Vortragenden kommunizieren und Fragen stellen kann.

- Bücher:
  Das gute alte Buch ist wohl noch immer eine der beliebtesten Arten sich fortzubilden. Interessiere ich mich für ein Thema, ist mein erster Weg zu Amazon, um da zu recherchieren und eventuell auch gleich ein Buch zu bestellen.

Wie ich meine Fortbildungen finanziere:
Externe Seminare und Ausbildungen kosten schnell mal 5.000,- € und mehr. Das ist natürlich ein ordentlicher Batzen Geld. Auch Videokurse oder Webinare habe ich schon um 500,- € und mehr gesehen.

Ich lege mir jeden Monat etwas auf mein Fortbildungskonto. Das ist ein eigenes Spar-Konto, in dem ich für Aus- und Fortbildungen anspare. Wie hoch dieser Betrag ist, liegt natürlich an deinen finanziellen Möglichkeiten. Der große Vorteil eines solchen Kontos: Du sparst das Geld explizit für Fortbildungen an. Daher hast du auch nicht das Bedürfnis, es für etwas anderes auszugeben. Des Weiteren hast du immer einen Überblick über die Höhe, die du schon angespart hast, und kannst dich dementsprechend um interessante Fortbildungsmöglichkeiten in deiner Preiskategorie umsehen.

Beachte außerdem, dass Aus- und Fortbildungen auch meist vom Staat oder von deiner Kommune gefördert sind. Auch wenn es nur einen geringen Teil der Gesamtkosten ausmacht, würde ich mir diese Förderungen nicht entgehen lassen! Informiere dich einfach im Internet darüber oder frage bei den Bildungsinstituten, bei denen du den Kurs besuchen willst, nach. In der Regel sind die am besten informiert.
Banken bieten außerdem immer wieder spezielle Bildungskredite an. Ich würde mich nie für materielle Dinge verschulden, aber eine Ausbildung, die Sinn macht, kann man ruhig auch mal fremdfinanzieren.

Worauf du achten solltest:
Wenn du dich beginnst für ein Thema zu interessieren, würde ich jetzt nicht sofort die 5.000-Euro-Fortbildung empfehlen. Lies lieber erst ein paar Bücher darüber, kauf dir einen Videokurs und mache Webinare. Vertiefe als zuerst dein Wissen, bevor du viel Geld investierst. Möglicherweise kommst du so drauf, dass dich das Thema doch nicht so interessiert. Falls das Interesse dennoch hoch bleibt, kannst du dann noch immer in ein teures Seminar investieren.

Achte bei den Seminaranbietern aber auf alle Fälle auf Seriosität. Nicht alle Anbieter haben eine gute qualitative Ausbildung zu bieten. Informiere dich also wenn möglich zuerst genau über das Unternehmen, aber auch über die Vortragenden. Welchen Background haben sie? Wie anerkannt sind sie in der jeweiligen Branche? Am besten ist es aber, wenn du Kontakt zu Absolventen dieses Kurses aufnehmen könntest. Die Informationen jener, die den Kurs oder die Ausbildung schon absolviert haben, sind mit Sicherheit am wertvollsten.

Ich kann dir nur empfehlen: Bilde dich so oft wie möglich weiter! Es macht Spaß und hat einen riesen Mehrwert für dich!

13 hoch effektive Lerntipps

In der Schule lernt man viele wichtige Dinge wie Deutsch, Mathematik und Englisch. Aber das Wichtigste lernt man in den meisten Fällen leider nicht, nämlich das richtige Lernen. Daher habe ich in diesem Abschnitt 13 Tipps zusammengesammelt, die dir dabei helfen werden, den Stoff schneller zu verstehen und ihn so wesentlich effizienter zu lernen. Also legen wir gleich mal los:

Tipp 1: Setz dir ein Ziel
Das Ziel kann durchaus unterschiedlich sein. In der Schule und der Uni zählt vielleicht die Note als Ziel. Das ist meist dann der Fall, wenn du diesem Fach sonst nichts abgewinnen kannst. Also entweder eine Eins, wegen des Notendurchschnitts, oder einfach eine Vier, um zu bestehen.

Andererseits kann natürlich auch das Können (zum Beispiel beim Erlernen einer Sprache) oder das Wissen (zum Beispiel die Anatomie des Menschen) als Motiv dahinterstehen.
Wichtig: Finde das WARUM heraus, denn dann fällt das Lernen wesentlich leichter.

Tipp 2: Verschaff dir einen Überblick - sieh das große Ganze
Hierzu einmal ein Beispiel: Öffne Google-Maps und gib ein "Oberndorfstraße, Wien". Und kennst du dich aus? Wenn du nicht zufällig aus Wien bist und die Oberndorfstraße kennst, dann wohl eher nicht, nehme ich an. O. k., und jetzt zoom mal raus, damit du ganz Wien auf deinem Bildschirm hast. Und was ist passiert? Schon kannst du besser einordnen, wo die Oberndorfstraße in Wien liegt. Und genauso ist es mit dem Lernen!

Wie verschaffst du dir nun aber einen Überblick:

- Inhaltsverzeichnis
- Kurs-Beschreibung

- Klappentext des Buches
- Recherche im Internet
- Zusammenfassungen zu diesem Thema lesen
- usw.

Um effizient weiterlernen zu können, musst du dir dann die Frage stellen: Was hat den größten Nutzen für mich?

Ich möchte das mit ein paar Beispielen unterstreichen:
Nehmen wir an, du lernst eine neue Sprache. Nun, dann wäre es doch sinnvoll, mit jenen Vokabeln zu beginnen, die du am meisten benötigen wirst bzw. die am meisten in der jeweiligen Sprache verwendet werden. Zum Beispiel: Beherrsche ich diese 500 Vokabeln, kann ich 90 % aller Texte lesen!

Oder nehmen wir an, du hast eine Prüfung im Fach Medizin. Die Fächer Anatomie und Anästhesie werden in dieser Prüfung zu jeweils 40 % berücksichtigt, wenn es um die Note geht. Alle anderen fünf Prüfungsgebiete teilen sich die restlichen 20 % auf. Also wäre es sinnvoll, die meiste Zeit in diese beiden Prüfungsgebiete zu investieren und die anderen fast zu vernachlässigen, wenn man bestehen will.

Vor allem bei Prüfungen musst du unbedingt den gesunden Menschenverstand einsetzen. Achte hier vor allem auch auf das Pareto-Prinzip: Mit 20 % Aufwand 80 % Wirkung zu erreichen.

Außerdem könntest du dich ja in die Lage des Lehrers oder Professors versetzen und darüber nachdenken: „Welche Fragen würde ich stellen, wenn ich die Prüfung abnehmen würde?" Also recherchiere zuerst mal ein wenig, das erspart dir viel Zeit beim Lernen.

Tipp 3: Lege den Fokus auf Zusammenhänge und Verständnis
Versuche nach jeder Unterrichtseinheit, die Zusammenhänge

zu verstehen. Schlichtes Auswendiglernen wird dir vielleicht in der Schule weiterhelfen oder dich über manch kleinere Prüfung bringen.

Willst du aber wirklich etwas lernen, dann musst du die Zusammenhänge verstehen. Nimm dir also genügend Zeit für diese Tätigkeit, denn hast du den Zusammenhang mal kapiert, geht das Lernen wesentlich leichter.

Kommst du von alleine nicht drauf, suche Hilfe bei Studienkollegen oder deinem Lehrer.

Tipp 4: Plane deinen Erfolg
Erstelle einen Lernplan, denn so verschaffst du dir mal eine Übersicht, was du alles zu lernen hast. In den Bonus-Tools stelle ich dir einen Lernplan zum Download bereit.

Im nächsten Schritt setzt du dir dann Meilensteine und Deadlines. Das ist besonders wichtig, wenn das Stoffgebiet sehr groß ist. Jeder abgehakte Meilenstein bringt dich näher ans Ziel und motiviert zusätzlich.

Begrenze deine Zeit für jedes dieser Kapitel. Warum? Nur so konzentrierst du dich auf das Wesentliche. Daher würde ich mir für alle Lern-Schritte eine Zeitbegrenzung setzen, um mich nicht zu verzetteln.

Bedenke vor der Prüfung noch einen Zeit-Puffer für die Wiederholung des Stoffs und eine Probe-Prüfung zu lassen.

Tipp 5: Vorbereitungs- und Nachbereitungszeit
Vor und nach jedem Seminar, jeder Unterrichtseinheit und jedem Kurs würde ich mir an deiner Stelle noch ein wenig Zeit nehmen.

Vorbereitungszeit
Nimm dir schon vor dem Kurs oder der Einheit die Zeit, die

Unterlagen quer zu lesen, das Inhaltsverzeichnis anzusehen, ein wenig die Grafiken anzusehen und mit anderen Leuten über das Thema zu reden. Verschaffe dir einfach einen guten Überblick über das Stoffgebiet. Warum?

- So kannst du dem Unterricht besser folgen,
- neue Erkenntnisse schneller aufnehmen,
- ganz gezielt Fragen stellen und
- ersparst dir so jede Menge Zeit fürs Lernen danach.

Nachbereitungszeit
Versuche nach dem Kurs das Neue gleich zu verarbeiten. Sind es Vorlesungen auf der Uni, genügen meist schon 30 Minuten. Gehst du noch zur Schule, könntest du dir auch eine Stunde vor Schulbeginn Zeit für die einzelnen Fächer nehmen und eine Stunde nach Schulende, um alles nachzubearbeiten.

Die Vorteile:

- Das neu erlernte Wissen kann sacken.
- Du kannst es vielleicht sogar gleich praktisch anwenden.
- Du kannst Mitschriften reinschreiben oder ergänzen.
- Du kannst dir Zusammenhänge und das Verständnis erarbeiten.

Wenn ich auf einem Seminar oder eine Fortbildung fahre, dann versuche ich schon immer einen Tag vor Kursbeginn am jeweiligen Ort zu sein, um mich in Ruhe vorbereiten zu können, und bleibe meist auch noch ein bis zwei Tage danach, um die Nachbearbeitung und den Transfer in die Praxis zu planen.

Tipp 6: Sei aufmerksam im Unterricht
Ist ja logisch, wirst du vielleicht denken, aber hier kommen jetzt noch ein paar ergänzende Tipps dazu:

Der Erzähl-, Interview- und Vortrags-Trick
Mit diesem Trick hältst du die Konzentration hoch, wenn die

anderen alle schon einschlafen :-).
Folge dem Unterricht so (das gilt übrigens auch für das Lesen von Texten), dass du direkt im Anschluss

- darüber erzählen kannst,
- ein Interview über den Stoff geben kannst,
- einen Vortrag zum Stoff halten kannst oder
- einen kurzen Artikel für eine Zeitung schreiben kannst.

Achte auf Andeutungen, während des Unterrichts
Dieser Punkt ist vor allem für Prüfungen recht wichtig. Achte dabei auf Andeutungen wie: „Dieses Kapitel ist nicht so wichtig", „Darauf lege ich großen Wert", „Schaut euch dieses Beispiel bitte nochmals genauer an".

Mit Aussagen wie diesen kannst du schon viele Informationen über die Prüfungsfragen herausfiltern.

Verwende ein intelligentes System für Mitschriften und Notizen:
Die meisten Menschen, die ich kenne, schreiben einfach alles in einer Wurst auf. Das ist aber grundlegend falsch.
In den Bonus-Tools stelle ich dir eine Vorlage für Mitschriften zur Verfügung.

Ich verwende dieses System für nahezu alle Mitschriften, auch für Online-Seminare, Webinare und Video-Kurse. Auch bei Büchern, die ich lese, notiere ich hier nach jedem Kapitel das Wichtigste.

So hast du alles viel besser im Überblick und auch das Verständnis wird geschult!

Tipp 7: Die richtige Zeiteinteilung
Auch hier kann man sich mit ein paar Tipps sehr viele mentale Vorteile verschaffen:

1. Fange immer mit dem Schwierigsten und

Unangenehmsten an:
Hast du diesen Punkt einmal abgehakt, geht alles andere völlig leicht von der Hand.

2. Finde selbst heraus, wie du am besten lernst:
Täglich eine Stunde, einmal wöchentlich acht Stunden? Wie auch immer, du musst dich wohlfühlen und der Output muss passen.
3. Vergiss bloß nicht die Pausen:
Je nach Stoff würde ich nach 20-50 Minuten eine kurze Pause einlegen. Spätestens, wenn du merkst, dass deine Konzentration nachlässt und deine Gedanken immer mehr abgleiten.
Erledige in diesen Pausen Kleinigkeiten wie Wohnung aufräumen, Kaffee machen, ein paar Klimmzüge oder Ähnliches.
Vor allem, wenn du auswendig lernst, musst du viele kleine Pausen einlegen.

Tipp 8: Tipps für das bessere Verständnis

Das Erlernte auch tatsächlich zu verstehen und nicht nur das stupide Auswendiglernen ist die Hauptsache. Daher habe ich hier ein paar Tipps gesammelt, wie man das Erlernte ein wenig besser verstehen kann:

1. Interviewe dich selbst zum jeweiligen Lern-Thema:
Dieser Tipp mag sich zwar ein wenig blöd anhören, aber für mich ist das eine der effektivsten Methoden, sich Verständnis über ein Stoffgebiet anzueignen.
Als ich für meine Prüfung zum Sport-Mentaltrainer büffelte, nutzte ich fast jede Autofahrt, um mich selbst zu interviewen, und es war ein sehr effektiver Weg sich Verständnis anzueignen.
2. Stelle dir die Lern-Situation bildlich vor:
Um wieder meine Sport-Mentalausbildung als Beispiel zu nehmen: Da habe ich mir bildlich vorgestellt, wie ich mit einem Klienten arbeite und einzelne Übungen mit ihm ausführe.

3. Probiere alles praktisch aus:
   Das ist natürlich nicht in jedem Gebiet möglich. Aber es gibt viele Bereiche, wo man ausprobieren kann. Ich habe zum Beispiel einen Freund gebeten, ihn als Versuchskaninchen für meine Sport-Mentalübungen verwenden zu dürfen. Diese Praxis hat mir sehr geholfen, die Hintergründe und Zusammenhänge der einzelnen Übungen zu verstehen.
4. Trage das Thema vor:
   Erzähle Freunden oder Familie davon. Ich nutze meine Tätigkeit als Fußballtrainer, um die Trainerkollegen durch einen Vortrag in das Thema Sport-Mentaltraining einzuführen.
5. Schreibe eine kurze Zusammenfassung (maximal eine A4-Seite):
   Auch das klappt natürlich nicht immer. Ich versuche es aber, nachdem ich ein Buch zu Ende gelesen habe, mit diesem Trick. Ich versuche, das Buch auf eine einzelne A4-Seite zusammenzufassen.
6. Finde eine Lerngruppe:
   Im Prinzip ist eine Lerngruppe nichts anderes als drei bis maximal vier Gleichgesinnte, mit denen du den Stoff gemeinsam besprichst. So erhältst du auch die wertvollen Ansichten und Meinungen der anderen zu diesem Thema.
   Kurz vor der Prüfung macht es dann Sinn, für den jeweils anderen eine Prüfung zusammenzustellen. So hat man auch eine ziemlich gute Chance, die Fragen herauszufinden, die auch der Professor stellen könnte.
7. Denke den gelernten Stoff weiter:
   Mit Sicherheit eine der schwierigsten Aufgaben, aber gerade wenn man gewisse Dinge weiterdenkt, erkennt man viele weitere Zusammenhänge.

Tipp 9: Hab Spaß beim Lernen
Man muss kein großer Professor zu sein, um zu wissen, dass man gerade jene Dinge besonders gerne lernt, die man gerne

macht und bei denen man Spaß hat.

Wie kann man jetzt aber diesen Spaß entwickeln?

- Entwickle eine kindliche Neugier für das Neue, das Unbekannte.
- Lerne mit Freunden, das macht immer mehr Spaß, als alleine zu lernen.
- Suche dir den richtigen Lern-Ort. Wo fällt dir das Lernen am leichtesten? Wo das Wiederholen des Stoffes? Finde die Orte in deiner Wohnung oder auch außerhalb, die dafür geeignet sind. Walt Disney machte das in etwas abgewandelter Form auch für seine Projekte (kannst du hier nachlesen: Die Walt Disney Methode).

- Schaffe das richtige Umfeld für dich und versuche dabei möglichst alle Sinne anzusprechen oder zumindest darauf zu achten, dass sie nicht beeinträchtigt sind. Vielleicht hilft dir ja ein gewisser Duft einer Kerze dich zu konzentrieren, der Geruch der Wiener Schnitzel, die deine Freundin gerade brät, wird wohl eher hinderlich sein. Ebenso wird es mit den verschiedenen Musikrichtungen sein. Experimentiere hier ein wenig!

Tipp 10: Nutze die besten, die geeignetsten Materialien
Das Problem ist, die besten und geeignetsten Materialien sind leider nicht immer die empfohlenen bzw. die Skripte, die man zur Verfügung gestellt bekommt.

Ist die Literatur nicht geeignet, empfehle ich dir folgende Vorgehensweise:

1. Nimm das Inhaltsverzeichnis zur Hand und suche anhand der Schlagworte dort.
2. Google einfach alles nach.
3. Suche Bücher mit ähnlichem Inhalt.

4. Nutze Zusammenfassungen (zum Beispiel getabstract: http://selbstmanagementformel.com/getabstract).
5. Solltest du nichts anderes finden, musst du mit der vorhandenen Literatur arbeiten. Dann solltest du aber unnötige Kapitel sofort ausschließen und versuchen die wichtigsten Punkte herauszufiltern und dann anhand dieser weiterarbeiten.

Tipp 11: Lern-Einheiten richtig gestalten

Um wirklich fokussiert und konzentriert arbeiten zu können, solltest du einige Dinge beachten:

- Stelle alle Störquellen ab (Handy, E-Mails, Social-Media, ...).
- Sorge für genügend Trinkflüssigkeit und Snacks (am besten Wasser und Studentenfutter).
- Lerne im Gehen. Das erhöht den Puls ein wenig und Forscher haben herausgefunden, dass man mit dem Lernpuls (http://selbstmanagementformel.com/lernpuls) wesentlich effizienter lernt.
- Wiederhole den gelernten Stoff idealerweise sechs Mal!
- Lerne laut (sage dir alles laut vor).
- Lerne mittels Lernkarten. Wie das funktioniert, erfährst du hier (http://selbstmanagementformel.com/lernkartei), und wo du welche bekommst hier (http://selbstmanagementformel.com/kartei).

Tipp 12: Strukturiere das zu Lernende richtig

Wenn du Vokabeln lernen musst, dann ordne sie zuerst (z. B. Gesundheit, Beruf, Urlaub). Um den Lernstoff anderer Fächer strukturieren zu können, empfehle ich dir die Verwendung von Mindmaps.

Tipp 13: Verwende Erinnerungshilfen

Erinnerungshilfen können zum Beispiel kleine Zeichnungen

sein. Unser Gehirn kann sich nämlich bildlich Dargestelltes wesentlich besser einprägen. Musst du zum Beispiel die Vokabel "rich" (reich) lernen, dann macht es Sinn, neben dieser Vokabel ein €- oder ein $-Zeichen zu machen. Wenn du künstlerisch begabt bist, kannst du auch Donald Duck zeichnen, wie er in seinen Geldspeicher springt :-).

Kurz anreißen möchte ich hier auch die Schlagwörter Chunking, Storytelling und Visual-Codes. Das alles hier näher zu erklären, würde das Thema sprengen, daher empfehle ich dir, diese Begriffe einfach zu googeln!

Fazit

Mit diesen Tipps wirst du wesentlich effizienter und produktiver lernen. Wie bei allen Selbstmanagement-Methoden, die ich dir hier anbiete, gilt auch für diese Lerntipps: Finde durch Versuch und Irrtum heraus, was dir hilft.

So wirst du mental stärker

Raus aus der Komfortzone

Ich bin nervös und habe ganz feuchte Hände. Ich atme flach und mache nur ganz kleine Schritte vorwärts. Das blaue Brett unter mir beginnt immer mehr zu wackeln, je weiter ich vortrete. Ich atme immer flacher und verspüre dieses eigenartig flaue Gefühl in der Magengegend. Aber es nützt nichts, ich muss da jetzt durch, ich muss springen.

Nein, es handelt sich in dieser kleinen Geschichte nicht um einen Albtraum, aus dem ich gerade erwacht bin, sondern um meinen ersten Sprung vom 3-Meter-Brett. Ich muss dazu sagen, dass ich unter Höhenangst leide (zwar nicht panisch, aber trotzdem kostet es mich große Überwindung, sie zu besiegen).

Aber zurück zum Thema. Im heutigen Artikel geht es darum, die Komfortzone zu verlassen. Diesen Sprung vom 3-Meter-Brett habe ich schon vor Jahren gemacht. Um mit den Kids und Jugendlichen in meiner Arbeit in offenen Gewässern schwimmen zu dürfen, musste ich die Rettungsschwimmer-Prüfung ablegen. Und dazu gehört ja bekanntlich auch der Sprung vom 3-Meter-Brett. Aber zu diesem Sprung kommen wir später noch.

In diesem Abschnitt geht es darum, was die Komfortzone überhaupt ist, was dich davon abhält, sie zu verlassen, warum du sie trotzdem unbedingt verlassen solltest, die Grenze zwischen Komfort- und Lernzone zu erkennen sowie Tipps zum Verlassen der Komfortzone.

Was ist die Komfortzone überhaupt?

Die Komfortzone ist alles, was du kennst:

- Immer die gleichen Gewohnheiten,
- gleichen Rituale und
- gleichen Routinen.

Wir arrangieren uns mit vielen Dingen einfach aus Gewohnheit, Komfort und Bequemlichkeit.

Zum Beispiel mit unseren Lebensumständen, unserem Einkommen, unserem Umfeld und vielen mehr. Das Paradoxe daran, wir arrangieren uns mit all diesen Dingen, obwohl wir gar nicht glücklich damit sind!

Aber hey, nichts Neues heißt auch nicht Ungemütliches:

- Keine Nachrichten sind gute Nachrichten.
- Wir brauchen keinerlei Anstrengungen zu übernehmen.
- Es ist alles beim Alten, alles schon bekannt und damit ungefährlich.

Komfortzone, Lernzone, Panikzone

Zunächst noch ein paar Worte zu diesem Modell der Zonen. Neben der Komfortzone gibt es noch die Lernzone und die Panikzone.

Stell dir einfach ein Hühner-Ei vor. Der Dotter stellt die Komfortzone dar. Darin fühlst du dich wohl, es ist angenehm in ihr, allerdings lernst du darin nicht wirklich was (z. B. vor dem TV zu sitzen). Wenn du lernen willst, musst du in die Lernzone. Da ist es zwar nicht so angenehm, dafür kannst du dich weiterentwickeln und deine Komfortzone vergrößern (z. B. mit dem Fallschirm am Ausgang des Flugzeuges zu stehen). Das Eiweiß stellt in unserem Beispiel die Lernzone dar.

Außerhalb des Eis ist dann die Panikzone. Verlässt du die Lernzone zu weit, kommt die Panik und Lernen wird

unmöglich (z. B. ohne Fallschirm aus dem Flieger springen). Was hält dich vom Verlassen der Komfortzone ab?
Es gibt natürlich Gründe, warum du dich so standhaft weigerst, deine Komfortzone zu verlassen. Auf einige davon möchte ich hier ein wenig eingehen:

- Bequemlichkeit:
  Alles uns bekannte Dinge, in denen wir uns auskennen, handeln wir in Routinen ab. Oftmals sind wir uns dessen gar nicht bewusst (z. B. fahren wir immer den gleichen Weg in die Arbeit). Neues probieren dagegen kostet viel Aufwand und Mühe. Zum Beispiel mein „schneller Lesen"-Projekt, das jetzt im April gerade vonstattengeht. Ich „muss" jeden Morgen 15 Minuten meine Lesegeschwindigkeit trainieren (wenn du meine Fortschritte live miterleben willst, adde mich auf Facebook, Twitter oder Google+).
  Natürlich kostet mich das im Moment einen gewissen Aufwand. Aber ich werde dadurch zukünftig schneller lesen und erweitere so meine Komfortzone.

- Angst:
  Der Sprung vom 3-Meter-Brett war bei mir mit Angst verbunden. Ja, ich gebe es zu, ich hab mir fast in die Hose ... (na lassen wir das).
  Da ich es für meinen Job brauchte, bin ich gesprungen. War es schlimm? Nein, gar nicht. Die Prüfung zwang mich aus meiner Komfortzone heraus. Und ich habe gelernt, dass das Springen vom 3-Meter-Brett gar keine so wilde Sache ist. Komfortzone erweitert!

- Zweifel:
  Als ich meine Evernote-Bücher geschrieben habe, war ich voller Zweifel. Wird sich der Aufwand lohnen? Interessieren überhaupt irgendwen Bücher von Thomas Mangold? Kauft das überhaupt jemand außer

meinen Freunden? Ich habe die Zweifel überwunden und die Bücher geschrieben! Zum Glück, denn sie waren ein riesen Erfolg. Mit „Evernote - mein Life-Management-Tool" bin ich seit Monaten die Nummer 1 bei Amazon in der Kategorie Management. Aber nicht nur das, ich konnte mit dem ganzen Prozess vom Schreiben bis hin zur Veröffentlichung viele Erfahrungen sammeln. Bücher schreiben ist cool! Mittlerweile habe ich keine Zweifel mehr dabei: Komfortzone erweitert!

- Unsicherheit:
  Ein sehr netter Kollege und guter Freund sollte eines Tages einen Vortrag vor über 100 Menschen halten. Eine Vorstellung, vor der ihm graute und die in ihm großes Unbehagen hervorrief. Aber er stellte sich dieser Herausforderung und was passierte? Er fand so viel Gefallen daran, dass er nun um die 100 Vorträge pro Jahr hält. Er findet es richtig genial! Er hat seine Komfortzone erweitert und etwas gefunden, das ihm riesen Spaß macht!

- Risiko:
  Es könnte ja etwas schiefgehen? Man könnte sich blamieren, eventuell sogar verletzen oder (Gott behüte) sterben. Ja, bei manchen Dingen (z. B. Fallschirmsprung) ist ein gewisses Risiko dabei. Du könntest aber auch von einem Dachziegel erschlagen werden, wenn du dein Haus verlässt. Oder beim Urlaub in San Francisco in ein Mega-Erdbeben geraten.
  Gefahren und Risiken gibt es überall. Solange sie kalkulierbar und überschaubar sind, gehört das einfach zum Verlassen der Komfortzone dazu.

Warum du trotzdem raus aus der Komfortzone musst!
Nun, dafür gibt es eine Menge Gründe. Die alle hier

aufzuzählen, wäre zu viel des Guten, daher werde ich mich mit den wichtigsten begnügen.

- Du willst Neues lernen?
- Du willst Erfolg im Leben haben?
- Du willst Herausforderungen annehmen?
- Du willst charakterlich wachsen?
- Du willst deine Persönlichkeit weiterentwickeln? Dann musst du raus aus der Komfortzone! Sieh die Ängste, Zweifel, Unsicherheiten und die Überwindung deiner Bequemlichkeit einfach als große Herausforderung an. Es gibt sooooo viele geile Dinge auf dieser Welt, die du erleben kannst. Aber wenn du nichts davon ausprobierst, wirst du niemals wissen, ob dir das eine oder andere davon nicht vielleicht so gefällt, dass es dein Leben verändert. Sieh dich einfach als kleines Kind, als unbeschriebenes Blatt, das durch neue Erfahrungen lernt.
  Also geh endlich wieder Risiko ein und beweg deinen Arsch aus der Komfortzone:
- Erst dann merkst du nämlich, zu was du wirklich imstande bist.
- Was du alles in deinem Leben noch schaffen kannst.
- Du entwickelst enormes Selbstvertrauen.
- Ein hohes Selbstwertgefühl.
- Du lernst, deine Ziele zu realisieren.
- Aber auch deinen Ängsten in die Augen zu sehen und zu ihnen zu stehen.

Ein paar Beispiele gefällig?
Ich möchte hier zwei Beispiele anführen, weil sie mir gerade (in meinen Recherchen) über den Weg gelaufen sind:

- Richard Branson:
  Sir Richard Branson geht immer einen Schritt weiter. Mit dieser Strategie hat er sein gesamtes Imperium aufgebaut. Aber nicht nur beruflich, auch privat sucht

er immer wieder neue Herausforderungen (Ballonfahrt um die Welt, Reise ins Weltall u. v. m.). Hätte er „nur" Virgin Music gegründet und sich dann auf seinen Lorbeeren ausgeruht, wäre er heute vielleicht pleite. Aber er wagte sich immer wieder aus der Komfortzone heraus und erweiterte sie so Stück für Stück.

- Felix Baumgartner:
  Ich nehme mal an, dass Felix Baumgartner bei seinem ersten Fallschirmsprung aus einem Flugzeug mächtig nervös war. Vom ersten Sprung aus einem Flugzeug bis zum Sprung aus dem Weltall lagen viele weitere Schritte aus der Komfortzone (Sprung von Gebäuden und Sehenswürdigkeiten, Überflug des Ärmelkanals, ...). Er hat sich Schritt für Schritt aus seiner Komfortzone herausbewegt und diese immer wieder erweitert.
  Ich gehe mal davon aus, dass sich sein Puls heute kaum verändert, wenn er einen „stinknormalen" Fallschirmsprung aus einem Flieger wagt.
  Klar handelt es sich bei Branson und Baumgartner um zwei Extrembeispiele. Aber ich denke, sie veranschaulichen das Verlassen der Komfortzone sehr gut!

Wie erkennst du die Grenze von Komfort- zu Lernzone

In der Regel breitet sich ein starkes Gefühl in dir aus. Möglicherweise wirst du dieses Gefühl als unangenehm empfinden und diesen Ursprung in der Magengegend orten. Eventuell wirst du auch einen gewissen Stress-Level wahrnehmen.

Aber warum definieren das viele Menschen als schlechtes Gefühl? Ich nenne es viel lieber

- ein Gefühl der Vorfreude, etwas erleben zu dürfen oder

- positive Aufregung!

Tipps zum Verlassen der Komfortzone
Es gibt einige Tipps, die dir das Verlassen der Komfortzone leichter machen:

Beschreibe das Worst-Case-Szenario:
Was kann schlimmstenfalls passieren? Und ist das wirklich soooo schlimm?

Nehmen wir als Beispiel meinen Sprung vom 3-Meter-Brett. Ich könnte einen Bauchklatscher machen, vielleicht eine aufgesprungene Lippe davontragen oder die anderen Besucher des Bades könnten mich auslachen, weil ich mich extrem dämlich anstelle. Eigentlich alles nicht wirklich tragisch, oder?

Beschreibe das Best-Case-Szenario:

- Was kann bestenfalls passieren?
- Wie wirst du dich, nachdem du diese Hürde genommen hast, fühlen?
- Was wird danach vielleicht noch alles möglich werden?
- Wie wird sich dein Leben verändern?

Erstelle eine Bucketlist mit deinen Wünschen
Schreibe auf, was du alles erleben willst. Wovon willst du deinen Enkeln mal erzählen? Woran willst du dich am Sterbebett erinnern? Dieses Thema haben wir in diesem Buch ja bereits behandelt!

Erstelle einen Plan
Gehe Schritt für Schritt vor und definiere alles, das du bis zur Erfüllung deines Vorhabens zu tun hast. Liste alles Punkt für Punkt auf. Du wirst sehen, das beruhigt zusätzlich.

Mach ein Projekt daraus: Suche dir Mitstreiter oder zumindest

Unterstützer für dein Vorhaben. Wende diese fünf Tipps an und du wirst sehen, es wird dir wesentlich leichter fallen, deine Komfortzone zu verlassen.

Übungen zum Verlassen der Komfortzone

Ich habe ein wenig im Netz recherchiert und bei Max Baudasch zwei Übungen zum Verlassen der Komfortzone gefunden, die mir beide sehr gut gefallen:

Kalte Dusche:
Geh jetzt sofort ins Bad und dreh die Dusche eiskalt auf. Dann zieh dich aus und stell dich drunter.
Es ist unbequem und du wirst deine Komfortzone verlassen müssen, um es zu tun. Und du lernst dadurch die Gefühlszustände sehr gut kennen, die immer wieder auftauchen werden, wenn du deine Komfortzone verlässt.

Kaffeetasse:
Ein ähnliches, wenn auch noch eigenartigeres Beispiel ist das Kaffeetassen-Experiment. Geh in die Küche und hole dir deine Lieblings-Kaffeetasse. Heb sie hoch und dann lass sie einfach auf den Boden fallen (am besten auf einen Betonboden, der wird es heil überleben).

Wer es bestimmt nicht überleben wird, ist die Kaffeetasse. Aber der Prozess des Loslassens ist vergleichbar mit den Gefühlszuständen beim Verlassen der Komfortzone.

Ich hoffe, ich konnte dich mit diesem Abschnitt motivieren, dich aus der Komfortzone zu bewegen. Deine Lebensqualität, aber vor allem dein Selbstvertrauen und dein Selbstwertgefühl werden es dir danken!

Aufgeben? Tut man nur einen Brief

Geduld und Ausdauer sind zwei der wichtigsten Dinge, um mit Projekten und Vorhaben, aber auch im Leben generell erfolgreich zu sein. Oftmals ist es aber gar nicht so einfach, sich zum Weitermachen zu motivieren. Daher hier meine 15 Tipps weiterzumachen, wenn die anfängliche Begeisterung nachgelassen hat:

Tipp 1: Der 5-Minuten-Trick
Wir verschwenden oft viel zu viele Gedanken an die Schwierigkeiten und Probleme, die uns diese Aufgabe bringen kann, anstatt einfach mit ihr zu beginnen.

Der 5-Minuten-Trick besagt nichts anderes, als dass du mit der Tätigkeit einmal fünf Minuten starten sollst. Nach fünf Minuten kannst du dann gerne wieder aufhören. Hast du damit erst einmal begonnen, ist die wichtigste Hürde schon genommen. Du beendest die Arbeit sicher nicht nach fünf Minuten, sondern arbeitest weiter!

Statt: „Ach, ich will jetzt nicht ins Fitnesscenter, da muss ich erst hinfahren, dann das mühsame Training, dann noch duschen und wieder heim, …“, fahr hin und beginne mit dem Training. Du wirst sehen, du ziehst es dann auch durch.

Tipp 2: Lege Rechenschaft ab
Mach dein Ziel, die Aufgabe, das Projekt öffentlich. Dadurch entsteht Verbindlichkeit. Wette mit Freunden oder Arbeitskollegen: „Ich schaffe es, diesen Bericht noch bis Freitag fertigzustellen oder ich zahle ein Abendessen.“

Veröffentliche deine Ergebnisse und den Weg zum Ziel im Internet. Du willst abnehmen? Dann veröffentliche doch einfach jeden Samstag um 09.00 Uhr dein Gewicht auf Facebook. Natürlich kannst du auch die Plattformen Stick.com und Lift.do dazu verwenden.

Tipp 3: Weg mit den negativen und her mit den positiven Gedanken
Erkenne und identifiziere negative Selbstgespräche. „Ich kann das nicht", „Das schaff ich nie", „Ich bin zu blöd dafür" sind meistens Bestandteil solcher negativer Gedanken.

Stell dir einfach vor deinem geistigen Auge vor, wie du diese negativen Gedanken zertrampelst. Hast du das getan, ersetze sie einfach durch positive Gedanken wie „Wenn das andere geschafft haben, dann schaffe ich das auch."

Tipp 4: Richte den Fokus auf die Vorteile
Was ist der Lohn für die Arbeit und den Aufwand, den du in die Zielerreichung steckst? Gehe ich öfter zum Fitnesstraining, habe ich einen „geileren" Körper und der Lohn dafür ist, dass meine Chancen bei den Mädels massiv steigen.

Oder machst du Überstunden in der Firma, um eine Beförderung zu bekommen, und als Lohn winken dann mehr Gehalt und ein fetter Dienstwagen?

Wie auch immer, richte deinen Fokus auf die Vorteile, die dir dadurch entstehen.

Tipp 5: Entfache die Begeisterung erneut
Mach dir zuerst einmal Gedanken darüber, warum dir die Begeisterung überhaupt abhandengekommen ist? Dann stell dir die Frage, warum du überhaupt einmal Feuer und Flamme für dieses Ziel warst? Versuche einfach dieses Gefühl der Begeisterung, des Enthusiasmus und der Freude wiederzubeleben.

Tipp 6: Lesen, hören, schauen
Wenn ich nicht mehr motiviert bin, dann lese ich ein Buch oder einen Blog zu genau diesem Thema, das zu meinem Ziel

passt.

Oder ich höre mir die Geschichten von Menschen an, die es schon geschafft haben, dieses Ziel zu erreichen. Ganz egal, ob das in einem Treffen stattfindet oder mittels Hörbuch. Autobiografien sind dafür zum Beispiel ein optimales Tool.

Oder ich surfe auf Youtube und schaue mir motivierende Videos an. All das hilft mir, meine Motivation wieder auf das alte Level, das ich zu Beginn hatte, zu heben.

Tipp 7: Suche dir Gleichgesinnte

Fakt ist, in der Gruppe oder zu zweit ist vieles einfacher als alleine! Suche dir daher Menschen, die am selben Ziel arbeiten, und schließ dich mit ihnen zusammen.

Tipp 8: Ruf dir deine Erfolge in Erinnerung

Dabei hilft es extrem, wenn du ein Erfolgsjournal liest. Vermerke in diesem Erfolgsjournal in regelmäßigen Abständen, was du schon alles erreicht hast:

- Ich habe schon zehn kg abgenommen.
- Ich laufe schon zehn km in einer Stunde.
- Ich habe schon 75 % meines Buches fertiggestellt.

Als ich mein zweites Evernote-Buch geschrieben habe, hatte ich so ein Tief. Es freute mich einfach nicht mehr zu schreiben und mir war alles zu viel.

Zu diesem Zeitpunkt war mir gar nicht bewusst, dass ich schon 75 % des Buches fertig hatte. Ich sah einfach vor lauter Bäumen den Wald nicht mehr. Als ich dann feststellte, wie weit ich eigentlich schon war, kam die Motivation schlagartig zurück.

Tipp 9: Jedem Tief folgt ein Hoch – halte durch

Mit einem Tief muss man eigentlich fast zwangsläufig in

jedem Projekt rechnen. Selten läuft etwas wie am Schnürchen. Mach dir einfach klar, dass nach jedem Tief auch wieder ein Hoch kommt. Schließlich ist es ja beim Wetter genauso.
Und es hat noch einen Vorteil, denn jedes überwundene Tief macht dich mental noch viel stärker!

Tipp 10: Lass dir helfen
Oftmals ist es schwierig, etwas alleine und ohne fremde Hilfe zu schaffen. Wenn möglich, such dir einen Coach, einen Trainer, einen Mentor oder eine Mastermind-Gruppe.
So kannst du nicht nur viele Fehler schon von vornherein ausschließen, sondern hast bei Problemen auch Unterstützer und Berater an der Hand.

Tipp 11: Belohne dich regelmäßig
Das wird in der Hitze des Gefechtes leider oftmals vergessen. Feiere jedes kleine Zwischenziel, jeden Meilenstein, den du erreicht hast. Belohne dich für diese kleinen Zwischen-Erfolge!

Tipp 12: Setze dir kleinere Zwischenziele
Kann es sein, dass deine Zwischenziele und Meilensteine zu weit entfernt liegen? Hinterfrage das einmal!
Falls dem so ist, dann setz dir kleinere Zwischenziele und die Motivation wird dadurch steigen.

Tipp 13: Lass nie etwas zwei Mal hintereinander ausfallen
Kein Training, keinen Arbeitstag, kein To-do auf deiner Liste, nichts! Mach es dir zur Gewohnheit, die Dinge durchzuziehen. So gibst du dem Schlendrian keine Chance!

Tipp 14: Visualisiere dein Ziel
Versetze dich in die Situation, in der du dein Ziel schon erreicht hast. Schließ die Augen und stell dir alles genau vor. Was wirst du tun? Was werden andere Menschen über dich sagen? Was wirst du bekommen?
Genieße diese Szene ein paar Minuten pro Tag und halte so deine Motivation aufrecht.

Tipp 15: Überwinde die Versuchung, aufhören zu wollen
Denk einfach daran: Dieser Versuchung zu widerstehen, macht dich mental stärker, robuster und widerstandsfähiger.
Es ist Teil deiner Persönlichkeitsentwicklung. Diese Hürde zu nehmen, macht dich unheimlich stark!

Fazit für dein Selbstmanagement
Wann immer ich aufgeben will, nehme ich mir diese Liste zur Hand und gehe jeden einzelnen Punkt durch. Manche passen für den Augenblick vielleicht besser als andere.
Pick dir einfach jene Tipps heraus, die dir jetzt im Moment am meisten geben und du wirst sehen:

Aufgeben kommt nicht infrage! Das Einzige, das ich aufgebe, ist ein Brief!

Bevor ich sterbe, möchte ich ...

Wie kommt man darauf, sich diese Frage zu stellen?
Nun gut, dann gebe ich mal meine Quellen preis und erzähle dir, wie ich auf diese Frage gekommen bin.
The Minimalists

Wie du ja sicherlich weißt, beschäftige ich mich unter anderem mit dem Thema Minimalismus. Eine der Seiten, die ich dazu regelmäßig lese, ist jene der „Minimalists". In einem Artikel auf diesem Blog ging es um einen Autounfall, den einer der beiden Autoren dieses Blogs hatte. Im Moment des Crashs zog nicht sein ganzes Leben an ihm vorbei, sondern eine einfache Frage:

Habe ich mein Leben genossen? Habe ich alles gemacht, was ich mir vorgenommen habe?

Seine Antwort drauf war, JA, größtenteils zumindest. Aber vor zwei Jahren hätte er diese Frage mit Sicherheit mit NEIN beantwortet.

Nun, ich stellte mir nach dem Lesen dieses Artikels dieselbe Frage! Meine Antwort wäre nicht JA größtenteils, sondern maximal JA teilweise. Das ist ja immerhin auch schon was, oder? Wie würdest du diese Frage beantworten?

Außerdem habe ich den Persönlichkeits-Blog-Podcast von Roland Kopp-Wichmann abonniert und auch er hat sich ebenfalls dieses Themas angenommen. Er erzählte die Geschichte von Candy Chang, die einen guten Bekannten verlor und sehr lange um ihn trauerte. Um ihre Trauer zu überwinden, bemalte sie eine Mauer mit Tafelfarbe (damit sie mit Kreide zu beschreiben ist) und sprühte immer wieder denselben Satz an diese Wand:

„Before I die, ..."

Natürlich legte sie auch Kreide bereit, damit die Menschen, die an dieser Wand vorbeigingen, ihre Wünsche eintragen konnten. Als sie am nächsten Tag an dieser Wand vorbeiging, traute sie ihren Augen kaum, denn die Wand war komplett vollbeschrieben.

Das inspirierte sie dazu, eine Website zu diesem Thema einzurichten und auch ein Werkzeugset zur Erstellung solcher Wände anzubieten (inklusive Anleitung). Auch ein Buch von ihr zu diesem Thema ist erschienen.
Und was passierte? Überall auf der Welt entstanden solche Wände und überall waren die Wände sofort vollgeschrieben!

„Bevor ich sterbe, möchte ich, …" – ja was eigentlich?
Bei mir ist die Antwort auf diese Frage nicht nur ein Ding oder eine Sache. Sondern es sind mehrere Dinge. Daher kann ich nur schreiben:
Bevor ich sterbe, möchte ich die Wünsche auf meiner Bucketlist realisieren.

Eine Liste oder ein Ding alleine reicht aber nicht!
Du musst das Ganze auch realisieren. Und dabei scheitert es bei den meisten! Zumindest, wenn es um das Thema Abenteuer und Erlebnisse geht. Warum?

Aufschieberitis
„Das mach im Herbst.", „Nächstes Jahr dann.", „In der Pension.", „Im nächsten Urlaub."!
Im Prinzip passiert es dann aber nie, weil es immer und immer wieder nach hinten verschoben wird. Das Problem dabei, irgendwann funktioniert das Nach-hinten-Schieben nicht mehr und dann bereut man es!

Angst
Es könnte ja was passieren, die Gegend ist gefährlich usw.! Ja klar kann man, wenn man eine Wanderung im Krüger

Nationalpark unternimmt, von einem Löwen oder einem Elefanten angegriffen werden. Auch wenn es geführte Wanderungen sind.
Und wenn man vorhat, die Eigernordwand zu besteigen, ist das bestimmt auch nicht risikolos! Ja, stimmt schon, es kann mir aber auch ein Dachziegel auf den Kopf fallen, wenn ich aus meinem Wohnhaus raus zur Arbeit gehe, oder?

Passieren kann immer und überall was. Sicherlich, man braucht kein unnötiges Risiko eingehen, aber Angst oder Risiko als Ausrede zu verwenden, ist nicht sinnvoll. Denk dran, irgendwann bereust du es, dein Ding nicht durchgezogen zu haben!

Einsamkeit

Viele dieser Wünsche musst du möglicherweise alleine realisieren. Um ehrlich zu sein, ich hatte auch immer Respekt vor dem alleine Reisen. Weniger wegen der Angst mich zu verirren, sondern viel mehr wegen der Einsamkeit.
Aber seit ich den Blog von Patrick Hundt (101places.de) lese, habe ich diese Bedenken abgeschüttelt.

Finanzen

Ja, alleine reisen ist noch teurer, als es zu weit zu tun. Also muss man möglicherweise auf einige Dinge verzichten, um sich diese Abenteuer zu realisieren. Auch wenn es dabei nicht ums Reisen geht. Vielleicht ist es ja dein Wunsch, mal eine Woche einen Ferrari zu fahren. Auch keine billige Angelegenheit. Ich verzichte ganz gern auf materielle Dinge, denn diese sind vergänglich. Erlebnisse sind aber etwas fürs Leben.

Planung

Einige dieser Erlebnisse brauchen eine gewisse Vorlaufzeit, da sie ordentlich geplant werden müssen. Leider bin ich nicht der Typ, der lange im Voraus plant. Daher stellt das für mich immer wieder eine Herausforderung dar.

Familiäre Verpflichtungen
Du hast Ehepartner, Kinder oder einen Verwandten zu pflegen? Alles schön und gut, aber auch das ist keine Ausrede. Erstens braucht jeder mal eine Auszeit und zweitens darf man sich ruhig für eine oder zwei Wochen im Jahr trennen, um seine Wünsche zu realisieren. So macht das ein befreundetes Ehepaar, jeder hat zehn Tage im Jahr zur eigenen Verfügung und kann in dieser Zeit seine Wünsche realisieren. Die restlichen Urlaubstage verbringen sie gemeinsam! Genial finde ich.

Bevor du stirbst, möchtest du …?

So jetzt bist du dran! Was möchtest du denn? Hier ein paar Beispiele:

- … Vater werden.
- … ein Schloss beziehen.
- … die Welt retten.
- … eine Weltreise machen.
- … jeden Tag genießen.
- … meine Kinder aufwachsen sehen.
- … Oma werden.
- … die Welt mit einem Segelboot umrunden.
- …

Fazit für dein Selbstmanagement

1. Beantworte die Frage „Bevor ich sterbe, möchte ich …"
2. Plane dein(e) Vorhaben.
3. Realisiere dein(e) Vorhaben.

Der große Vorteil dahinter:

So konzentrierst du dich auf das WESENTLICHE, das

WICHTIGE im LEBEN!

Du steigst aus dem Alltagstrott, aus der Arbeitsroutine aus und du kannst besser zwischen dem, was im Leben wichtig und was unwichtig ist, unterscheiden. Inspiriere andere Menschen, dasselbe zu tun!

Vorsätze umsetzen, Gewohnheiten installieren

Hast du schon einmal probiert, neue Gewohnheiten zu installieren? Falls ja, wirst du sicher wissen, wie schwer das ist. Einerseits die neuen Gewohnheiten zu installieren und andererseits die alten (schlechten) Gewohnheiten loszuwerden.
Das bedarf sehr viel Arbeit, daran können auch meine fünf Tipps nichts ändern. Vielmehr sollen diese Tipps helfen, die richtigen Ansatzpunkte zu finden.

Tipp 1: Die neue Gewohnheit in eine Routine einfügen
Zum Einfügen neuer Gewohnheiten ist es sinnvoll, diese entweder in eine bereits vorhandene Routine einzufügen oder gleich ganz neue Routinen einzuführen. Routinen helfen uns dabei Energie zu sparen. Jeder von uns, auch du, handelt den ganzen Tag über größtenteils in Routinen, nur bewusst ist es dir selten.

Die Morgenroutine hilft uns dabei, schon am frühen Morgen mit dem Energiesparen zu beginnen. Wenn du aufstehst, wirst du, nehme ich zumindest einmal an, nicht lange überlegen, ob du zuerst Kaffeetrinken oder Zähneputzen gehst. Das erledigt eine Routine, die du vor langer Zeit installiert hast.

Finde Triggerpunkte:
Wenn wir neue, erfolgsproduzierende Gewohnheiten einstudieren wollen, lohnt es sich, diese in eine Routine zu verpacken. Randzeiten eignen sich besonders gut für diese Routinen, also zum Beispiel in der Früh oder am Abend. Aber auch der Mittag kann eine gute Zeit für eine Routine sein.

Warum ausgerechnet diese Zeiten? Die Antwort ist relativ simpel, weil es sich dabei um einen Trigger handelt. Das Aufstehen oder das Zubettgehen ist ein Trigger. Ebenso ist das Besteck in die Hand nehmen und mit dem Mittagessen zu beginnen ein Trigger.

Wie du ja vielleicht weißt, bin ich auch als Sport-Mentaltrainer tätig. Und gerade bei Sportlern baue ich immer wieder Routinen ein, die einen Trigger als Auslöser haben. Der muss nicht immer Tageszeit spezifisch sein, sondern einfach eine Handlung. Wichtig ist aber nur, dass du diesen Trigger wirklich wahrnimmst und ihn nicht übersehen kannst.

Diese Routinen sind vor allem deshalb sinnvoll, weil sie dir dabei helfen, nicht ins Grübeln oder ins Zweifeln zu kommen, sondern du sie einfach wie eine normale Checkliste abarbeiten kannst. Du brauchst nicht mehr darüber nachzudenken, du tust es ganz einfach! Und was gibt es Schöneres, als eine neue Gewohnheit fast automatisiert auszuführen.

Natürlich gibt es weitere Möglichkeiten und Ideen, wie du die Umsetzungswahrscheinlichkeit deiner neuen Gewohnheiten drastisch erhöhen kannst, sollte ein tageszeitabhängiger Trigger nicht möglich sein. Hier noch ein paar Beispiele dafür:

- Installiere ein Hintergrundbild auf deinem Desktop bzw. auf deinen mobilen Geräten, das dich dazu motiviert, die neue Verhaltensweise durchzuführen.
- Gib einen Zettel auf deinen Badezimmerspiegel, der dich an die neue Gewohnheit, an dein Ziel und das WARUM dahinter erinnert.
- Notier dir den Punkt, den du umsetzen willst, jeden Tag ganz oben auf der To-do-Liste. So erinnerst du dich jedes Mal daran, wenn du auf diese Liste blickst.
- Nutze Printshops, um Utensilien herstellen zu lassen, die dich an deine neue Gewohnheit erinnern. Ganz egal ob das Kugelschreiber, Kaffeetassen, Poster, Polster oder irgendwelche Anhänger sind.

Tipp 2: Kennst du das WARUM?

WARUM will ich etwas einführen? Was ist das Ziel, das dahintersteckt? Das WARUM ist eine extrem wichtige Frage, denn:

Kennst du das WARUM, dann erträgst du auch jedes WIE!

Ich werde dir am Ende dieses Abschnittes ein praktisches Beispiel zur Installation einer neuen Gewohnheit, die ich an einem Klienten durchgeführt habe, praktisch darstellen.

Tipp 3: Disziplin!
Disziplin ist absolut wichtig für die Einführung neuer Gewohnheiten. Natürlich ist es leichter, die alten Gewohnheiten beizubehalten, obwohl du genau weißt, dass sie hinderlich sind, um deine Ziele zu erreichen.

Aber gerade zu Beginn der Installation einer neuen Gewohnheit brauchst du extrem viel Disziplin. Und daher ist Disziplin auch jener Punkt, der die „Möchtegern-Menschen“ von den richtigen „Machern“ unterscheidet.

„Möchtegern-Menschen“ würden gerne sehr, sehr viele Dinge tun und haben auch immer wieder sehr, sehr viele Ideen dazu. Aber wirklich durchführen tun sie sehr wenig. Das liegt größtenteils daran, weil ihnen die nötige Disziplin, auch die nötige Ausdauer fehlt.

Demgegenüber stehen die Macher! Diese Menschen haben nicht nur gute Ideen, sondern (und das ist der entscheidende Punkt) setzen diese Ideen in Taten um. Solche Menschen strotzen nur so vor Selbstdisziplin.

Bist du ein Macher? Falls ja, herzlichen Glückwunsch. Falls nein, keine Sorge, denn du kannst jederzeit zu einem werden.

Tipp 4: Ausdauer
Es dauert natürlich seine Zeit, bis das neue Muster, die neue Gewohnheit, im Gehirn etabliert ist. In der Regel kannst du damit rechnen, dass es ca. einen Monat dauert. Allerdings ist

das nur ein grober Richtwert, denn bis du die neue Gewohnheit wirklich im Gehirn etabliert hast, hängt größtenteils auch von deinen schlechten Gewohnheiten ab.

Besonders schwierig ist es natürlich, schlechte Gewohnheiten in gute umzuwandeln. Aber natürlich ist es nicht unmöglich, sondern es braucht einfach nur jede Menge Ausdauer.

Bis du dir neue Gewohnheiten in deinem Gehirn etabliert hast, musst du dich quälen und diszipliniert gegen deinen inneren Schweinehund ankämpfen. Hast du das ca. einen Monat lang gemacht, dann wird es von Tag zu Tag einfacher, gegen diesen inneren Schweinehund zu kämpfen. Nach zwei Monaten wird er sich vielleicht nur noch ganz selten zu Wort melden, nach einem halben Jahr möglicherweise kaum mehr.

Besonders wichtig ist es allerdings, dass du diese neue Gewohnheit wirklich tagtäglich durchführst. Lässt du dazwischen immer wieder Tage aus, so dauert es wesentlich länger, um eine neue Gewohnheit zu etablieren. Ich werde dir anhand des Beispiels am Ende des Artikels dieses Problem noch näher erläutern.

Leider haben die wenigsten Menschen die nötige Ausdauer. Viele glauben, wenn sie einmal anstatt eines Wiener Schnitzels einen Salat im Restaurant bestellen, hat sich ihr Leben schon massiv verändert. Das ist aber maximal der Tropfen auf dem heißen Stein. Um wirklich neue Gewohnheiten installieren zu können, brauchst du aber nicht den Tropfen auf dem heißen Stein, sondern den steten Tropfen, der den Stein aushöhlt.

Tipp 5: Selbstverpflichtung

Schließe ganz einfach mit dir selbst einen Vertrag ab. Ich würde dir sogar empfehlen, das in schriftlicher Form zu tun. Wichtig dabei ist, dass das Ziel, das in diesem Vertrag definiert ist, auch wirklich realistisch zu erreichen ist. Setze die Messlatte lieber etwas tiefer an, dann kann es weniger passieren, dass du mal einen Tag auslässt.

Schreib also in diesem Vertrag lieber statt „Ich gehe ab heute jeden Tag 45 Minuten joggen“ doch „Ich gehe ab heute jeden Tag 15 Minuten joggen“.

15 Minuten pro Tag laufen zu gehen, wird wohl für jeden noch so gestressten Menschen möglich sein. Wenn dir nach mehr ist, kannst du auch gerne länger laufen. Vermutlich wirst du größtenteils ohnehin deine 45 Minuten laufen, aber alleine zu wissen, dass 15 Minuten ausreichen, hilft dir schon bei der Erfüllung deines mit dir selbst geschlossenen Vertrags.

Tipp 6: Weniger ist mehr
Nimm dir immer nur eine neue Gewohnheit vor und versuche diese zumindest 30 Tage lang zu installieren. Viele Menschen machen den Fehler, gleich mehrere Gewohnheiten installieren zu wollen, mit dem Resultat, dass dann keine richtig installiert wird.

Nimm dir also eine Gewohnheit und installiere diese 30 Tage lang. Erst wenn sie dir in Fleisch und Blut übergegangen ist, startest du mit der nächsten Gewohnheit.

Tipp 7: Starte sofort!
Es hört sich jetzt für dich vielleicht sehr eigenartig an, aber die meisten Ziele werden nicht erreicht, weil schlicht und einfach nicht damit begonnen wird, sie zu realisieren. Ja, du hast richtig gelesen: Es wird nie damit begonnen, sie zu realisieren!

Der Grund dafür ist ganz einfach und heißt Aufschieberitis. Nein, heute beginne ich nicht mit dem Joggen, heute ist es viel zu kalt. Nein, heute auch noch nicht, das würde mich einfach viel zu sehr stressen. Nein, heute machen wir doch diesen herrlichen Familienausflug, ich starte einfach morgen damit.

Du siehst schon, worauf ich hinauswill. Es wird immer wieder aufgeschoben und aufgeschoben und aufgeschoben. Und je länger du dieses Ziel vor dir herschiebst, umso weniger wird seine magnetische Anziehungskraft.

Deswegen verpflichte dich heute noch mit der Realisierung eines Zieles zu beginnen, noch besser jetzt sofort! Es gibt keine Ausreden, denn wenn du nicht jetzt sofort bereit bist, dein Ziel zu realisieren, hast du es schlicht und einfach nicht weit genug oben auf der Prioritätenliste.

Also auf die Plätze, fertig, los!

Ein praktisches Beispiel

Zu meinem Klienten selbst will ich nicht besonders viel sagen, denn das tut ohnehin nichts zur Sache. Fakt ist, er ist um die 30 Jahre alt und ihn plagen mittlerweile schon gesundheitliche Probleme. Nach der Warnung seines Arztes endlich was für seine Gesundheit zu tun, entschied er sich dafür, sich gesunder zu ernähren und mit Sport zu beginnen.

Ohne fremde Hilfe konnte er seine alten Gewohnheiten (ungesunde Ernährung und Faulenzen statt Sport) aber nicht ablegen. Also konsultierte er mich als Sport-Mentaltrainer und engagierte gleichzeitig eine Ernährungsberaterin.

Meine Aufgabe war es, seine Motivation, um Sport zu treiben, zu erhöhen. In einem ersten Schritt sind wir seinen Tagesablauf durchgegangen. Wir haben versucht herauszufinden, welche Routinen er bereits besitzt. Da er abends immer sehr lange arbeitet, haben wir uns dazu entschlossen, die tägliche Sporteinheit in das Morgenritual zu integrieren.

Somit hätten wir Tipp 1, die neue Gewohnheit in eine Routine zu integrieren, also erfolgreich abgeschlossen. Das hat auch tatsächlich sehr gut funktioniert.
Als Nächstes gingen wir nun daran, das Warum genau zu

ergründen. Hier stand bei ihm eindeutig die Gesundheit im Vordergrund. Meiner Meinung nach also ein sehr kräftiges Warum!
Bisher sind seine sämtlichen Versuche mehr Sport zu treiben eindeutig an den Themen Disziplin und Ausdauer gescheitert. Also haben wir diese beiden Punkte in der Selbstverpflichtung, also dem Vertrag, den er mit sich selbst geschlossen hat, ganz besonders berücksichtigt.

Ich kann mich nicht mehr ganz genau an den exakten Wortlaut erinnern, aber der Vertrag hat ungefähr so ausgesehen:
„Ich gehe ab heute nach dem Aufstehen in die Küche, esse einen Müsliriegel, gehe auf die Toilette und die Zähne putzen. Im Anschluss daran nehme ich meine bereits gepackte Sporttasche und gehe für 30 Minuten in das Fitnesscenter (Anmerkung: Das glücklicherweise ganz in seiner Nähe war). Diesen Vorgang führe ich ab sofort Tag für Tag, die nächsten 30 Tage durch!"

Somit haben wir also die Selbstverpflichtung integriert und er startete noch am selben Tag (auch wenn es bereits Abend war) damit, ins Fitnesscenter zu gehen und dort seine Cardio- bzw. Krafteinheiten durchzuführen.

Fazit für das Selbstmanagement
Du siehst also, mit den richtigen Tipps und Tricks kannst du es dir ein wenig einfacher machen, neue Gewohnheiten zu installieren. Wichtig ist allerdings, dass du es tust! Am besten jetzt sofort. Überlege dir Gewohnheiten, die du installieren willst, bzw. alte, schlechte Gewohnheiten, die du durch neue ersetzen willst.

Nie mehr aufschieben

Nie mehr aufschieben ist leichter gesagt als getan, deswegen habe ich in diesem Abschnitt ein paar Tipps für dich zusammengestellt, die dir dabei helfen werden, Arbeiten nicht länger aufzuschieben.

Teste einfach jeden einzelnen Trick, probiere alle aus. Jene, die funktionieren, behältst du bei, jene, die nicht funktionieren, verwirfst du wieder! Einige der Tricks wirst du vielleicht aus den vorangegangenen Artikeln schon kennen. Ich möchte hier trotzdem nochmals alle gesammelt erwähnen:

1. Der 5-Minuten-Trick:
   Nimm dir einfach vor, eine ungeliebte Arbeit einmal für fünf Minuten zu beginnen. Nach diesen fünf Minuten kannst du (solltest du das dann noch wollen) wieder aufhören. Nehmen wir einmal als Beispiel das Wohnung-Putzen zur Hand. Du startest einfach mal, fünf Minuten die Wohnung zu putzen, stellst dir aber keinen Wecker oder sonstige Erinnerung, dass die fünf Minuten um sind. Du startest und ich wette, du beendest die Arbeit nach den fünf Minuten nicht wieder.
   Das Schwierigste an ungeliebten Dingen ist nämlich, damit zu starten! Hat man einmal damit begonnen, ist das schon die halbe Miete.

2. Eat the frog:
   Dieser Trick besagt nichts anderes, als die ungeliebteste Arbeit gleich am Beginn des Tages durchzuführen. Der Grund ist ganz einfach: Hat man die schwierigste Arbeit einmal erledigt, geht alles andere ganz leicht von der Hand.
   Schiebt man die ungeliebte Aufgabe aber den ganzen Tag nach hinten, so bleibt sie im Hinterkopf und die

Gedanken daran, diese schreckliche Arbeit noch erledigen zu müssen, stören bei allen anderen Arbeiten, die man dazwischen erledigt.

3. Nichts tun:
   Hört sich cool an, oder? Einfach nichts tun! Ist aber gar nicht so cool, denn nichts tun, damit meine ich wirklich nichts tun! Einfach nur da sitzen und warten, sonst nichts. Glaub mir, das geht dir so schnell auf die Nerven, dass du recht flott auch diese ungeliebte Arbeit starten wirst.

4. Tagesplanung, Wochenplanung, Monats-planung:
   Plane schwierige Aufgaben, die du gerne verschiebst, richtig in deine Pläne ein. Oft nimmt die richtige Planung schon sehr viel Druck von einer Aufgabe und damit auch vom Bedürfnis, diese aufschieben zu wollen.

5. Milestone-Wette:
   Schließe mit Freunden, Familie oder Arbeitskollegen einfach Milestone-Wetten ab. „Am … habe ich diesen Milestone (…) genommen oder ich zahle ein Mittagessen!"

6. Belohnungen setzen:
   Auch Belohnungen helfen massiv, dich aufzuraffen, ungeliebte Arbeiten schnell zu erledigen. „Wenn ich diesen Milestone bis zum … fertig habe, dann gehe ich einen Tag in die Therme."

7. Konsequenzen bewusst machen:
   Oftmals sind wir uns der Konsequenzen gar nicht richtig bewusst, wenn wir Aufgaben immer und immer wieder aufschieben. Stell dir daher öfters die Frage: „Wenn ich … aufschiebe, dann ...!"

Ich bin mir sicher, dass dir diese Tipps und Tricks dabei helfen werden, ab sofort Arbeiten nicht mehr aufzuschieben, sondern konsequent zu erledigen!

Konsequent sein

Auf den ersten Blick sicherlich etwas eigenartig diese Überschrift, aber sehen wir einmal genauer hinter diese drei Worte. „Meine konsequenten Handlungen“ bedeutet nichts anderes, als nicht verhandelbare Handlungen zu setzen. Diese Handlungen werden zu vorgegebenen Zeitpunkten durchgeführt, ohne Wenn und Aber, ohne Ausreden und auch ohne Aufschieben. Diese Handlungen werden also konsequent erledigt, denn genau diese Konsequenz ist es, die erfolgreiche von erfolglosen Menschen unterscheidet.

Es gibt auf dieser Welt sicherlich viele Menschen, die intelligenter, besser oder schlauer als viele reiche Menschen sind, aber denen fehlt es eben oft an der Konsequenz in ihren Handlungen. Jetzt stellt sich aber die Frage:

Wie schafft man es, konsequent zu sein bzw. konsequent zu werden?

Wie so vieles im Leben geschieht auch das über Routinen und Gewohnheiten. Wir versuchen also, eine Gewohnheit aus diesen nicht verhandelbaren Handlungen zu machen. Das funktioniert am besten, wenn wir sie so in den Tag einbauen, dass eines zum anderen führt. So wirkt dann eine Handlung als Auslöser für die nächste Handlung.

Routinen, Gewohnheiten und Unterstützer
Ich habe die meisten meiner konsequenten Handlungen in meine Guten-Morgen-Routine eingebaut. Aber mehr dazu später, wenn ich dir meine konsequenten Handlungen am Ende dieses Abschnittes genauer vorstelle.

Neben dem Einbauen in eine Routine kann es auch noch sinnvoll sein, sich einen Partner oder Unterstützer für diese Handlungen zu suchen. So hatte ich lange Zeit (leider haben sich dann aus beruflichen Gründen unsere Wege getrennt) einen Kollegen, mit dem ich regelmäßig joggen ging. Wir haben ausgemacht, dass wir uns gegenseitig pushen und unterstützen und keine Ausreden zulassen (ganz egal, wie schlecht das Wetter auch ist).

Diese Symbiose funktionierte hervorragend. Wollte ich mal mit Ausreden kommen, hat er mich gleich abgewiesen und bestand darauf, dass wir uns zum Joggen treffen. Umgekehrt war es natürlich genauso, hatte er wenig Motivation, gab es von mir den nötigen Tritt in den Allerwertesten. So kam es dazu, dass wir über Jahre nicht ein einziges Mal unseren Termin zum Joggen absagten (Urlaube und Krankheiten natürlich ausgenommen).

Fünf meiner konsequenten Handlungen

Nachdem wir nun abgeklärt haben, dass uns Routinen, Gewohnheiten und Unterstützer dabei helfen, konsequent zu werden, will ich dir nun fünf meiner konsequenten Handlungen vorstellen. Damit sollst du ein wenig Gefühl bekommen, was ich damit eigentlich genau meine.

1. Täglich 60 Minuten Sport (Auslöser: Vor meinem ersten Termin außer Haus):
   Ich habe das eigentlich in zwei Teile unterteilt, einerseits ist es Teil meines Guten-Morgen-Rituals, zu dehnen und zu stretchen, und andererseits gehe ich pro Tag entweder 45 Minuten Laufen oder 45 Minuten ins Fitnesscenter (Netto-Trainingszeit natürlich). Einzige Ausnahme ist mein freier Tag in der Woche. Ansonsten treibe ich konsequent jeden Tag 60 Minuten Sport. Der Auslöser mag sich vielleicht etwas eigenartig anhören, aber ich gehe immer vor meinem ersten Termin außer Haus ins Fitnesscenter oder laufen. Das bedeutet, wenn ich meinen ersten Außen-Termin um acht Uhr früh habe, dann gehe ich um 6.30 Uhr trainieren, habe ich den ersten Termin um 16 Uhr, dann eben erst um 14.30 Uhr. Habe ich gar keinen

Termin, trainiere ich sofort nach dem Guten-Morgen-Ritual.

2. Täglich eine neue To-do-Liste schreiben (Auslöser: sofort nach dem Frühstück):
   Ausnahme ist natürlich wieder mein freier Tag, aber ansonsten gehört auch das zu meinem Guten-Morgen-Ritual. Ich setze mich jeden Tag nach dem Frühstück hin und schreibe mir auf, welche Arbeiten ich in welcher Zeit erledigen werde.

3. Die unangenehmsten Dinge als Erstes machen (Auslöser: Ende des Guten-Morgen-Rituals):
   Ich erledige die unangenehmsten und ungeliebtesten Arbeiten immer als Erstes. Wenn ich meine To-do-Liste erstelle, dann plane ich auch gleich, wann ich was erledigen werde und wie viel Zeit ich dafür einplane. Habe ich eine Arbeit, die unangenehm ist oder die ich absolut nicht mag, dann erledige ich diese Arbeit immer als Erstes, wenn ich mich an meinen Schreibtisch setze. Dabei kann es sich um ein unangenehmes Telefonat handeln oder um dämliche Korrekturarbeiten, die ich über alles hasse! Habe ich diese Arbeiten erledigt, bin ich voller Power und die anderen Arbeiten gehen wie im Nu von der Hand.

4. Weiterbildung durch Podcasts (Auslöser: Beginn des Frühstücks):
   Täglich einen Podcast hören. Ich nehme mir täglich 20 Minuten Zeit, um einen Podcast zu hören. Ist der Podcast länger, unterteile ich ihn in mehrere Teile. Das gehört für mich ebenfalls zu meinem Guten-Morgen-Ritual. In jedem dieser Podcasts lerne ich neue Dinge und finde neue Inspirationen. Dieser Artikel fand seinen Ursprung übrigens in einem Podcast, der ein ähnliches Thema behandelt!

5. Täglich 30 Minuten lesen (Auslöser: Wenn ich zu Bett gehe):
   Ich lese sehr viele Fachbücher und komme leider unter tags nicht wirklich dazu. Daher ist eine meiner konsequenten Handlungen, dass ich jeden Tag vor dem Einschlafen mindestens 30 Minuten lese. Ich gestehe zwar, dass mir das eine oder andere Mal die Augen schon früher zufallen, aber das sei mir verziehen!

Du siehst also, alle meine konsequenten Handlungen haben Triggerpunkte. Teilweise sind sie ins Guten-Morgen-Ritual eingebunden, teilweise an andere Fixpunkte des Tages gekoppelt.

Ich habe hier in der Auflistung lediglich Punkte angegeben, die täglich stattfinden. Natürlich gibt es aber auch wöchentliche (Projektplanungen, Wochenplanung), monatliche (Finanzen überprüfen) oder jährliche (Evaluierungsurlaub) Punkte auf meiner Liste der konsequenten Handlungen.

Dein Selbstmanagement und deine konsequenten Handlungen!
Nutze jetzt gleich die Gelegenheit und beginne mit der Liste deiner konsequenten Handlungen. Schreibe alle auf und vergiss nicht Triggerpunkte zu finden, wie du deine konsequenten Handlungen in den Alltag einbauen kannst.

Arbeitsaufgaben

Aufgabe 1:
Versuche mit den Übungen „kalte Dusche“ und „Kaffeetasse“ deine Komfortzone zu verlassen.

Aufgabe 2:
Plane für den kommenden Monat oder vielleicht sogar das kommende Jahr Projekte, die dich zwingen, die Komfortzone zu verlassen.

Aufgabe 3:
„Bevor ich sterbe, möchte ich ...“? Schreibe jetzt auf, was du alles tun möchtest!

Aufgabe 4:

1. Erstelle eine Liste mit Gewohnheiten, die du in nächster Zeit installieren willst.
2. Such dir eine dieser Gewohnheiten auf deiner Liste aus!
3. Finde einen Triggerpunkt dafür.
4. Kläre das WARUM dahinter!
5. Gib eine Selbstverpflichtung ab.
6. Arbeite die kommenden 30 Tage konsequent daran, diese Gewohnheit zu installieren.
7. Starte sofort!

Aufgabe 5:
Teste alle Tipps gegen Aufschieberitis und finde heraus, welche dir besonders helfen, ungeliebte Arbeiten zu erledigen. Beginne dann diese Tipps regelmäßig anzuwenden, wenn du dich dabei ertappst, eine Aufgabe aufzuschieben.

Aufgabe 6:
Erstelle eine Liste mit jenen Handlungen, die du zukünftig

konsequent durchführen willst. Überlege dir außerdem Triggerpunkte dazu!
Im Anschluss überlege dir, mit welcher Handlung auf der Liste du beginnen willst. Diese ziehst du dann die kommenden 30 Tage durch. Ist sie dir in Fleisch und Blut übergegangen, nimmst du den nächsten Punkt auf der Liste hinzu.

Fazit für dein Selbstmanagement

Nun bist du am Ende dieses Buches angekommen.

Wenn du meine Formel, meinen Plan umgesetzt hast, dann:

- Hast du Ordnung in dein Leben gebracht.
- Konzentrierst du dich auf das Wesentliche.
- Hast du dein digitales Leben im Griff.
- Kennst du deine Ziele, Visionen und Werte.
- Hast du dein Umfeld an deine Bedürfnisse angepasst.
- Verstehst du es, richtig zu planen.
- Arbeitest du effizient und produktiv.
- Reist du stressfrei und genießt deine Erlebnisse.
- Weißt du, wie man richtig und effizient lernt bzw. sich weiterbildet.
- Hast du mentale Tricks auf Lager, die dir in „Problemsituationen" zur Seite stehen.

Mit dieser Formel hast du alle Möglichkeiten, ein effizientes, produktives und vor allem ein sehr erfolgreiches Leben zu führen.

Dabei wünsche ich dir viel Erfolg!

Alles Liebe,
Thomas

Bonus-Tools

An die Bonus-Tools zu kommen, ist ganz einfach:

- Folge einfach diesem Link und melde dich auf der Website zu diesem Buch an:
  http://selbstmanagementformel.com/anmeldung/

- Nach der Anmeldung erhältst du sofort Zugriff auf alle im Buch versprochenen Bonus-Tools.

Selbstverständlich ist das alles kostenlos und ohne weitere Verpflichtungen!

Wenn du Probleme oder Fragen hast, sende mir einfach eine E-Mail an: office@thomas-mangold.com

18716425R00154

Printed in Poland
by Amazon Fulfillment
Poland Sp. z o.o., Wrocław